Colección LEER

Marc MONFORT

Rocío HIGUERO PIRIS

¡Qué mundo más apasionante!

CIENCIAS DE LA EDUCACIÓN PREESCOLAR
Y ESPECIAL
General Pardiñas, 95 - 28006 Madrid

© CEPE, S. L.
General Pardiñas, 95. 28006 MADRID

ISBN: 84-7869-214-2
Depósito legal: M. 40.378-1995

Impreso por: Impresos y Revistas, S. A. (IMPRESA)
Herreros, 42. Políg. Ind. Los Ángeles
GETAFE (Madrid)

ÍNDICE

Págs.

1. EL AGUA

EL agua es uno de los elementos más importantes de la Tierra: de hecho, cubre las tres cuartas partes de nuestro planeta y, sin agua, ningún ser vivo podría vivir.

La cantidad total de agua en la Tierra es, más o menos, siempre la misma, pero no está siempre en el mismo sitio.

La mayor parte del agua está en los mares y océanos, en los ríos y los lagos, pero también hay agua por debajo del suelo: de allí la sacamos los hombres, cavando agujeros que llamamos pozos.

Con el calor del sol, el agua se evapora y asciende por la atmósfera: al llegar a cierta altura, con el frío, el vapor se vuelve a condensar en gotitas de agua, formando así las nubes.

Esas nubes se desplazan, empujadas por el viento. Si llegan a algún lugar más frío (por ejemplo, si una montaña les obliga a subir aún más alto) o si las gotitas, al juntarse, aumentan demasiado su volumen, se produce la lluvia: las gotas caen al suelo.

Si la capa de aire donde llega la nube es muy fría, las gotitas de agua se cristalizan en copos de nieve.

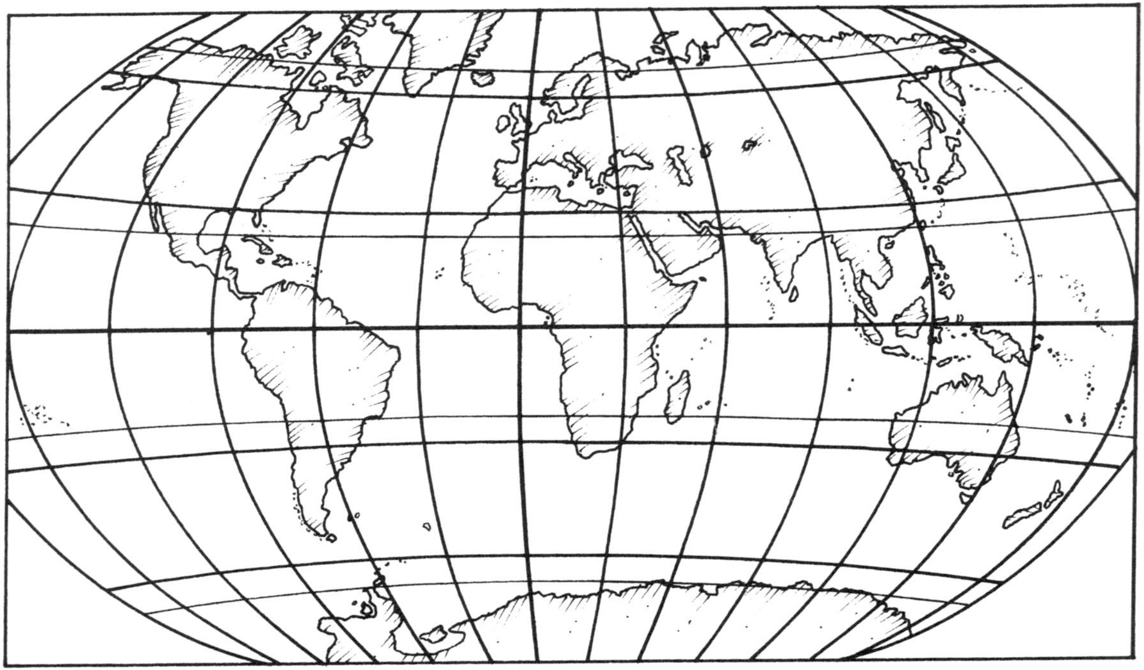

A veces, entre la nube y el suelo se cuela una capa de aire helado: las gotas de agua que caen de la nube, al cruzar ese aire tan frío, se congelan y caen en forma de granizo.

Al caer al suelo, el agua de la lluvia o de la nieve, cuando ésta se derrite, va resbalando o se filtra dentro del suelo, siempre hacia abajo.

De esta forma, a través de los ríos, el agua vuelve al mar y el ciclo vuelve a empezar.

Las mayores precipitaciones se producen en torno al Ecuador y en las zonas templadas cercanas a los océanos, pero hay zonas donde apenas llueve: son zonas áridas.

No siempre llueve de la misma forma: hay lloviznas, chubascos, aguaceros, trombas de agua y tampoco llueve igual todos los años: a veces pasan varios meses sin llover, es la sequía. Otras veces llueve tanto que los ríos se desbordan y provocan inundaciones.

2. LAS OLAS

LAS olas pueden recorrer miles de kilómetros en mar abierto sin cambiar su forma ni perder su energía y romper contra la costa mucho después de que haya desaparecido el viento que las provocó al principio.

Por eso, podemos a veces ver grandes olas en las playas un día de brisa suave.

El empuje del viento que genera una ola pone en movimiento partículas de agua que empiezan a girar hacia arriba (hacia la cresta de la ola) y luego hacia abajo. Al girar las partículas del agua ponen en movimiento otras, que se encuentran por debajo.

Solamente avanza la forma del agua, no el agua en sí.

Cuando el movimiento de la ola se acerca a la costa, donde hay menos profundidad, las partículas de agua no consiguen ya realizar una vuelta completa y caen entonces hacia delante.

La ola rompe y el choque del agua forma esa espuma blanca tan característica. Toda la energía acumulada a lo largo de kilómetros se descarga por lo tanto en la costa, sobre todo en aquellas que son más abruptas, como donde hay acantilados.

Esos choques continuos, día tras día, erosionan las rocas, cambiando y modelando la forma de la costa.

3. YO SOY AQUEL LADRÓN...

LA BANDA DEL COLA-CAO MERIENDA TRAS CADA ROBO Y DEJA HUELLAS EN LOS TAZONES
(Adaptación de *El País* 8-III-1995)

Entran a través de las ventanas que rompen en los chalés de Collado-Mediano (3.000 habitantes) cerca de Madrid. Abren cajones y armarios, se llevan vídeos y televisores y cuando acaban su «trabajo» reponen fuerzas en la cocina con un cola-cao.

Son conocidos ya como la «banda del Cola-Cao» y sólo han cometido un error hasta el momento: han dejado sus huellas en los vasos donde toman la merienda.

La Guardia Civil calcula que sabrá quiénes son dentro de tres o cuatro semanas, gracias al ordenador donde se guarda una copia de todas las huellas de los españoles.

«Si esos ladrones ya han ido a la cárcel antes, encontraremos sus nombres en menos tiempo porque sus huellas están en un programa especial.»

Desde hace tres meses, han entrado en 15 chalés de las urbanizaciones que rodean el pueblo.

La Policía Municipal explica cómo actúan esos ladrones: «Suelen robar en los chalés de los veraneantes. Rompen las contra-ventanas con una palanca y luego el cristal; revuelven la casa y eligen las cosas de mayor valor, sobre todo televisores y vídeos. Alguna vez se han llevado hasta las huchas de los niños. Cuando terminan, se toman tranquilamente un cola-cao en la cocina. Siempre siguen la misma costumbre».

La Policía ha descubierto además que esos curiosos ladrones prefieren el Cola-Cao caliente y siempre sin azúcar.

«Cogen cazos para calentar el Cola-Cao. A veces, al no encontrar la llave de paso del gas en el chalé, han tenido que tomárselo frío. Prefieren los vasos de cristal a las tazas y nunca hemos encontrado restos de azúcar.»

Creen que la banda está compuesta por dos o tres hombres jóvenes, posiblemente, drogadictos.

«Y, además, han tenido que sufrir diarrea porque, hace poco, se prepararon el Cola-Cao con un cartón de leche que había caducado hace varios meses», bromean desde la Policía Municipal.

4. EL FIN DE UNA GRAN AVENTURA

SANLÚCAR de Barrameda, 8 de septiembre de 1522: toda la gente del pueblo ha salido a la calle para acompañar a unos marineros que, descalzos y con una vela en la mano, caminan hacia la iglesia de Nuestra Señora de la Victoria para cumplir su promesa.

¿Quiénes son y por qué se arma tanto jaleo?

Son Juan Sebastián Elcano y 18 marineros más que, después de 37 meses de una aventura increíble, han sido los primeros en dar la vuelta completa al mundo.

Ellos han vuelto con vida y por eso dan las gracias a la Virgen María.

Pero salieron 270 el 20 de septiembre de 1519, a bordo de cinco barcos: sólo ha vuelto uno, la Victoria.

Tardaron 38 días, sólo para cruzar el estrecho que une el océano Atlántico y el Pacífico, un estrecho donde reina una tormenta que nunca para y donde soplan vientos terribles. Cruzar el Pacífico duró meses: pasaron tanta hambre que terminaron comiéndose el cuero de las botas.

Incluso el jefe y el promotor de esa aventura, el portugués Fernando de Magallanes se quedó en el camino, asesinado por unos indígenas cerca de las islas Filipinas.

Muerto Magallanes, fue Elcano quien dirigió la navegación del viaje de vuelta hasta España.

5. UN PADRAZO

TODOS los peces son ovíparos, es decir, que se reproducen por huevos. La mayoría de los peces hembras sueltan cientos de huevos y los dejan en el agua, sin preocuparse más de ellos.

Muchos de estos huevos son entonces devorados por otros peces y sólo unos pocos se desarrollan y se transforman en peces adultos.

Sin embargo, hay algunos peces que sí se preocupan de los huevos que ponen y sueltan en el mar. Por ejemplo, la hembra del caballito de mar, ese pez tan raro, pone alrededor de 200 huevos, pero no los deja abandonados como hacen la mayoría de los peces ,sino que los deposita en una bolsa que tiene el macho en su abdomen.

El macho guarda los huevos en la bolsa de su abdomen y los incuba. Al cabo de un mes ya se han formado los nuevos caballitos, pero el padre sigue guardando las crías en su bolsa durante otros dos meses más, hasta que los expulsa, en una fuerte contracción de su abdomen.

A partir de ese momento, los pequeños caballitos de mar viven independientes, pero ya son algo más mayores y tienen mucha más capacidad para defenderse que otros peces recién nacidos que no tienen un padre tan bueno como éste.

6. LA HISTORIA DE LOS TEXTILES

EL hombre primitivo tuvo muy pronto la idea de vestirse con pieles de animales. Aprendió a coser las pieles con tendones, tiras de piel y tripas. Y más tarde fabricó hilos con fibras animales y vegetales (lana, lino, seda...).

El día en que las pesadas pieles fueron sustituidas por materias hechas con hilos muy apretados y entrecruzados, se acababa de inventar el tejido.

Como los tejidos que hicieron los hombres primitivos se han podrido, no se han conservado, es imposible saber la fecha exacta de los orígenes de la hilatura y de la textura.

En la cueva de Lascaux (Francia) se han encontrado agujas y huellas de cuerda de hace más de 15.000 años. Y se sabe que el lino, el cáñamo y la lana se hilaban ya en Egipto y en la India hace, por lo menos, de 5.000 a 7.000 años.

Durante mucho tiempo, los hilanderos e hilanderas utilizaron un instrumento llamado rueca. En la rueca se enrollaban las fibras y se fabricaba el hilo, luego éste se enrollaba en el huso.

Más tarde se inventó la rueca de rueda o torno de hilar. Era un instrumento giratorio accionado por un pedal.

En Gran Bretaña fue donde se introdujo la mecanización textil. Las hilanderas, que trabajaban en sus casas, ya no daban abasto para proporcionar hilo suficiente a una industria textil en pleno auge.

El tejedor James Hargreaves inventó, en 1784, la primera máquina que fabricaba varios hilos a la vez.

7. EL PETRÓLEO

EL petróleo es un producto natural. Hay grandes cantidades enterradas en cavidades subterráneas, a veces, a cientos de metros bajo la tierra. Estas capas de petróleo se encuentran por todas partes, pero principalmente en las regiones desérticas.

Para encontrar el petróleo se construye una alta torre metálica (llamada «derrick») que sirve para sostener el aparato de sondeo. Éste está formado por una barra hueca que termina en un taladro llamado perforadora.

Esta perforadora es larguísima y va entrando en la tierra y haciendo un agujero (pozo) hasta que encuentra una capa de petróleo. Entonces se desmonta el material de sondeo y se cambia por un aparato llamado cabeza de erupción o árbol de Navidad.

El petróleo siempre está acompañado de gas, así que cuanto más gas haya más fuerte será la presión: el petróleo sale como un gran chorro a presión de la misma forma que lo hace el champán cuando descorchamos una botella.

A veces los yacimientos de petróleo no están cerca de

las grandes ciudades, a menudo están en el desierto. Se transporta entonces el petróleo a través de oleoductos: tubos cuya longitud puede alcanzar cientos de kilómetros.

Para transportar el petróleo por el mar se utilizan unos barcos enormes: los petroleros que pueden llegar a contener 100.000 metros cúbicos de petróleo.

El petróleo se lleva a una refinería: una fábrica donde el petróleo crudo es refinado. Se obtiene: gasolina para los coches, queroseno para los motores a reacción, gasóleo para los motores Diesel, fuel para las calefacciones, asfalto para las carreteras y las bencinas que permiten fabricar tejidos u objetos de plástico.

8. EL REY DE LOS MENTIROSOS

SEGURO que sabes que tu bolígrafo, muchos de tus juguetes o tu estuche están hechos con una materia que se llama plástico.

Pero quizá no sabes que muchas camisas y jerseys, algunos barcos y muebles también son de plástico: el plástico está ahora por todas partes.

Es una materia nueva, una materia del siglo XX.

Los cubos que utilizaba tu abuela eran de hierro y la regla con la que dibujaba en la escuela era de madera.

Ahora todo esto es de plástico y cada vez se utiliza menos el hierro y la madera.

Pero ¿de dónde viene ese plástico y por qué se utiliza tanto?

El plástico se obtiene en unas industrias químicas a partir del petróleo: en esas fábricas se elabora granulado de plástico de muchos colores diferentes: son como pequeñas bolitas.

La ventaja del plástico es que se derrite con el calor y, entonces, podemos darle cualquier forma: hilo, cilindro, placa...

Las fábricas de ropa, de juguetes, de muebles..., compran ese granulado. Luego con unos moldes que tienen la forma del objeto que desean fabricar y unas máquinas que se llaman prensas, derritiendo el plástico con calor, pueden fabricar rápidamente miles de objetos iguales.

El plástico es un material barato de comprar y el proceso industrial de fabricación de objetos de plástico también es barato porque se puede hacer con máquinas.

Por eso, el plástico sustituye muchas veces a la madera o al hierro, más caros y más difíciles de trabajar.

La palabra plástico significa que puede adaptarse a cualquier forma: por eso llamaron así a ese invento de los químicos capaz de ser duro, blando o flexible, recto o curvo, fino o grueso, de colores o transparente...

Es el rey de los mentirosos: se puede parecer a cualquier cosa.

¡Hasta hay flores y frutas de plástico! Eso sí, esas frutas no se pueden comer.

9. LA CORTEZA TERRESTRE

LA corteza terrestre es la capa dura externa de la tierra: no es muy gruesa (en algunos sitios sólo mide 7 km, en otros 20, 50 ó 70 km) y está dividida en varios trozos que se llaman placas: algunas son muy grandes y otras más pequeñas.

Debajo de la corteza está el manto, una capa caliente y blanda que se mueve hacia arriba y hacia abajo (igual que el agua en una cazuela cuando hierve).

Esos movimientos del manto provocan desplazamientos en las placas: cuando dos placas rozan o se chocan, aumenta la presión entre ellas. Cuando esa presión sube demasiado, se produce un seísmo (un terremoto).

Estos terremotos ocurren cerca de las fallas, es decir, cerca de las grietas que hay entre las placas.

Las dos zonas de mayor peligro se sitúan en el choque entre las placas del Pacífico y la placa de Filipinas y a lo largo de la falla en la costa Oeste de toda América.

Si el terremoto se produce debajo del mar, ocasiona grandes olas (maremoto) que pueden causar importantes daños en las costas.

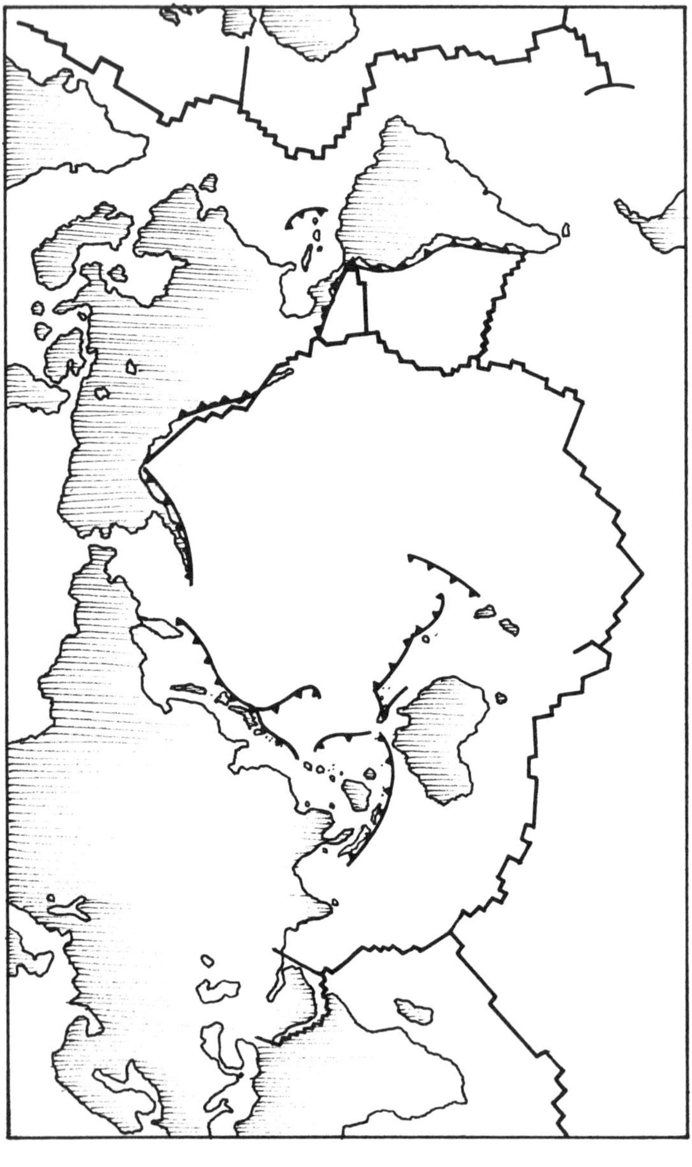

Los científicos no son capaces todavía de predecir cuándo va a ocurrir un terremoto: si se produce en zonas de mucha población puede provocar numerosas víctimas al derrumbarse edificios y prenderse grandes incendios por los cortes en tuberías de gas o en cables eléctricos.

Hasta ahora no es posible avisar a la población para que se ponga a salvo: el terremoto coge siempre por sorpresa.

10. LOS NÚMEROS PRIMOS

UN número primo es un número que sólo se puede dividir por 1 y por sí mismo.

15 = 3 x 5, con lo cual no es un número primo, ya que se puede expresar como un producto de números distintos de sí mismo y de uno.

En cambio 13 = 13 x 1 y no hay ningún otro producto de otro par de números que dé 13 como resultado. Por eso 13 es un número primo.

Hay números de los que podemos decir directamente si son primos o no: cualquier número por largo que sea, que termine en 2, 4, 5, 6, 8 ó 0 no es primo.

Sin embargo, un número que acabe en 1, 3, 7 ó 9 puede que sea primo o puede que no: hay que ensayar y ver si se puede dividir por otro número que no sea 1.

Números primos son: 2, 3, 5, 7, 11, 13, 17, 19, 23, 29, 31, 37, 41, 43, 47...

Podría pensarse que llega un momento en que ya no hay números primos y que todos pueden dividirse por otro más pequeño.

Pues no. Por mucho que subamos, en millones y billones, siempre se encuentra algún número primo.

De cuando en cuando aparecen parejas de números impares consecutivos, ambos primos (por ejemplo 17 y 19, 41 y 43).

¿Es infinito el número de esas parejas de primos? Nadie lo sabe. Los matemáticos creen que sí, pero no han podido probarlo.

11. EL ARCO IRIS

LA luz que nos llega del sol contiene todos los colores y, a veces, en el cielo, podemos verlas por separado: es el hermoso arco iris.

Cuando un rayo de luz atraviesa un prisma de cristal, la luz se refracta, es decir, que se descompone en distintas bandas de color, desde el violeta hasta el rojo, pasando por el verde y el amarillo.

Es el mismo fenómeno que se produce cuando el sol atraviesa una lluvia lejana: las innumerables gotas de agua actúan como diminutos prismas y espejos.

Al entrar en cada gota, el rayo de luz se refracta y se descompone en bandas de colores, luego se refleja en la parte posterior de la gota y llega hasta nuestros ojos siguiendo el ángulo de refracción desde las muchísimas gotas esparcidas por el cielo: por eso vemos el arco iris como una curva continua.

Cualquier día de sol, puedes producir tu arco iris particular: abre una manguera de forma que salga un chorro de agua muy ancho, colócate para que el sol esté a tu espalda para iluminar las gotas de agua.

En la cortina de agua aparecerá un arco iris.

12. VIEJOS Y NUEVOS TRENES

HASTA los años cincuenta, el ferrocarril seguía siendo el principal medio de transporte terrestre, tanto para los viajeros como para las mercancías.

Las antiguas máquinas de vapor fueron sustituidas por trenes eléctricos o máquinas de gas-oil, más rápidas y potentes.

Pero luego el incremento del número de coches y de caminos, la construcción de carreteras rápidas y de autopistas han reducido mucho el transporte por ferrocarril.

Mucha gente se desplaza en su propio coche y los camiones ofrecen la ventaja de ir directamente de la fábrica a su destino sin necesidad de cargar y descargar varias veces las cajas o sacos que contienen mercancías.

Por eso, en los últimos años, han cerrado muchas líneas locales de ferrocarril, porque muy poca gente las utilizaba.

Curiosamente, al mismo tiempo, están ahora construyendo nuevas líneas para trenes de alta velocidad (como el AVE en España o el TGV en Francia) que pueden llegar hasta los 300 km/hora.

Estas líneas unen grandes ciudades con el objetivo de reducir el tráfico aéreo que empieza a ser excesivo y provoca muchos problemas en los aeropuertos: no hay tiempo para tantos despegues y aterrizajes.

Los trenes de alta velocidad permiten transportar más viajeros que un avión en un tiempo casi igual porque no hace falta llegar una hora antes de la salida y porque las estaciones están en el centro de la ciudad, no como los aeropuertos que están siempre a varios kilómetros.

De esta forma, el tiempo total del viaje es casi igual y, desde luego, esos trenes son mucho más cómodos.

13. LAS MAREAS

CUANDO uno ve una playa del Atlántico, se da cuenta de que el mar se mueve hacia atrás y hacia adelante: es la marea. Sube y baja dos veces al día, cada seis horas.

Ese movimiento se debe a la fuerza de atracción del Sol y de la Luna sobre la Tierra: de la Luna, porque está cerca y del Sol porque tiene mucha masa.

Esa fuerza tiende a deformar cualquier cuerpo, tanto sólido como líquido, pero, evidentemente, un cuerpo líquido se deforma más fácilmente: por lo tanto atrae más el agua de los océanos que la Tierra: por eso sube el agua.

Pero la Tierra va girando y la parte que estaba frente al Sol y/o la Luna, después de unas horas, ya está de lado: baja el agua. Y así todos los días.

La fuerza de las mareas depende de la época (en qué sitio está la Luna en ese momento), pero también del lugar en la Tierra, de la forma de la costa y del tamaño del mar.

Así, la marea casi no se nota en el Mediterráneo, pero es muy fuerte en las costas atlánticas francesas.

Eso causó un susto a los romanos que, por primera vez,

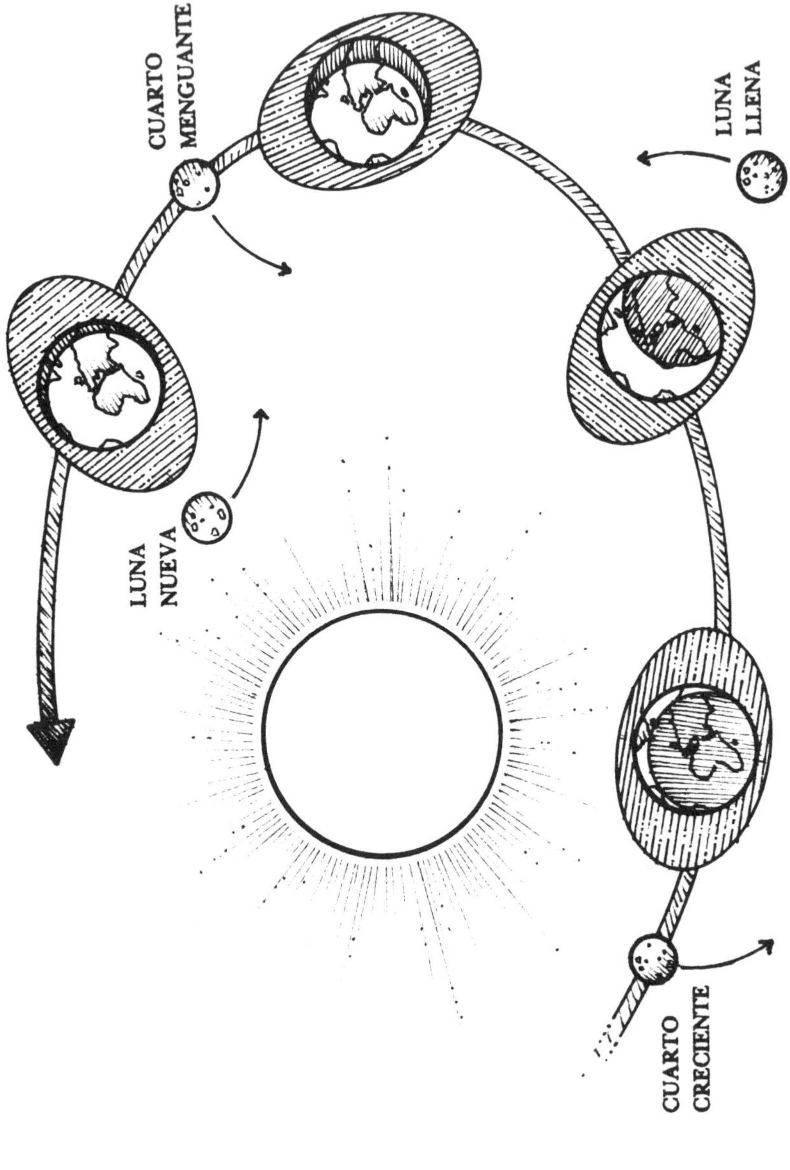
CUARTO
MENGUANTE
LUNA
LLENA
LUNA
NUEVA
CUARTO
CRECIENTE

llegaron con sus barcos a las costas de Galia (como se llamaba entonces Francia): echaron el ancla cerca de la orilla pero se quedaron de piedra cuando vieron sus barcos sobre la arena unas horas después.

El susto duró poco: la siguiente subida de la marea volvió a levantar sus barcos. Al cabo de varios días, los romanos se dieron cuenta de que no era ningún truco de magia, sino algo natural que se repetía cada día: la pleamar y la bajamar.

14. LAS REBAJAS

LAS rebajas son cuando las tiendas bajan los precios de sus artículos. Una cosa que antes valía 5.000 ptas., por ejemplo, puede valer ahora 4.000 ptas., 3.500 ptas., o menos.

Cada año, hay grandes rebajas en el mes de enero y también en verano.

Los que hacen grandes anuncios de las rebajas son los grandes almacenes (El Corte Inglés...): ponen anuncios en la tele, en los periódicos y en las revistas y colocan grandes carteles por las calles.

¿Para qué se hacen las rebajas?

Las tiendas hacen rebajas para poder vender las cosas que se pasan de moda, sobre todo la ropa.

Después de las rebajas es cuando sacan las nuevas mercancías: cuando terminan las rebajas de enero, por ejemplo, sacan la ropa de primavera y de verano.

A veces es interesante comprar cosas durante las rebajas, sobre todo al final cuando bajan mucho los precios, pero también es difícil encontrar lo que se quiere: falta la talla que te hace falta o el color que se desea...

También hay que tener cuidado porque, a veces, para las rebajas las tiendas sacan viejos artículos o prendas de muy mala calidad.

Algunas tiendas también hacen trampas con las rebajas: dejan el mismo precio que antes pero, arriba, colocan un precio más alto que, luego, tachan para que la gente piense que han bajado los precios y no es verdad.

Durante las rebajas, sobre todo las de enero, los grandes almacenes se llenan de gente: todo el mundo se empuja para acercarse a los sitios donde ofrecen «Oportunidades», parece, incluso, que algunas personas se vuelven locas: se arrancan las prendas de las manos y se pelean con las vendedoras.

La gente que trabaja en los grandes almacenes dicen que las rebajas, para ellos, son un infierno: hay mucha gente, cada día cambian los artículos y los precios, muchos escaparates cambian de sitio...

Es un período muy cansado y, como llega después de las fiestas navideñas que representan también mucho trabajo, estas personas llegan al mes de febrero completamente agotadas.

15. FÓSILES

ALGUNAS veces, cavando en la tierra, podemos encontrar trozos de roca con unas formas extrañas: tienen huellas de esqueletos o de plantas. Son los fósiles.

Hay muchas clases de fósiles: los más habituales se hicieron cuando algún animal o alguna planta quedó enterrado por barro o arena antes de pudrirse. La forma de su cuerpo o de sus hojas quedó imprimida en ese barro que, con los años, se fue endureciendo, convirtiéndose en roca. La mayoría de los fósiles se formaron en el fondo de los mares: por eso los más frecuentes son fósiles de conchas, de peces y otros animales marinos.

Los fósiles son muy antiguos: tienen miles o millones de años y proporcionan información sobre la historia de la vida en la tierra: gracias a ellos, sabemos algunas cosas que ocurrieron mucho antes de que existieran los hombres.

Por ejemplo, algunos fósiles encontrados en Alaska sirven de prueba para la teoría que dice que los continentes se mueven y que, antes, estaban todos juntos.

Han encontrado en el suelo de Alaska fósiles de plan-

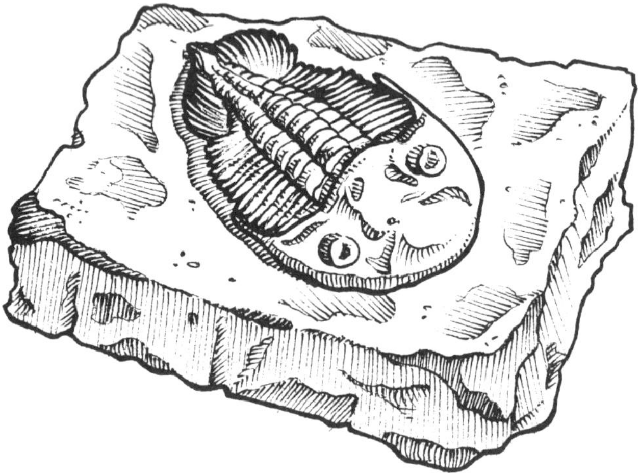

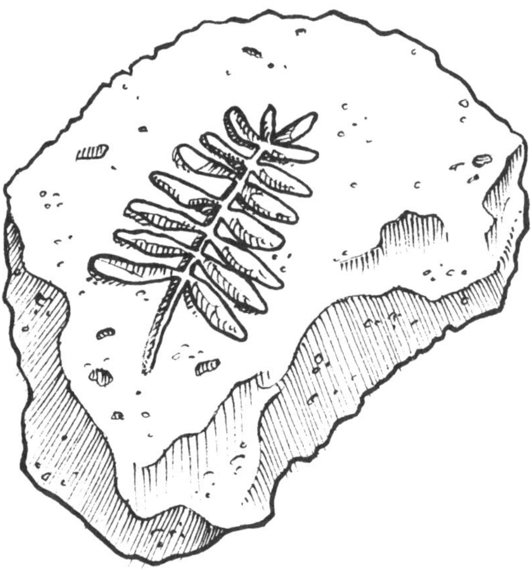

tas tropicales: esas plantas no pudieron vivir allí porque hace demasiado frío.

Pero, hace millones de años, Alaska se encontraba mucho más al Sur y estaba cubierta de selva: los fósiles, enterrados en el suelo, siguieron el viaje hacia el Norte mientras que, en la superficie, los bosques desaparecían y todo quedaba cubierto por el hielo.

16. ALEXANDER GRAHAM BELL

EL señor Bell es muy famoso por ser el inventor del teléfono, pero no todos saben cómo llegó a inventarlo.

Alexander Graham Bell era el hijo de un profesor de sordos en Edimburgo y en 1867, con 20 años, empezó a ayudar a su padre. Enseñaba a hablar a los niños que no oían.

Toda la familia emigró a Canadá y luego, Alexander Graham Bell siguió enseñando en la ciudad de Boston, mientras estudiaba fisiología de la audición y acústica.

Su trabajo con los sordos le animó todavía más en sus investigaciones con la electro-acústica, impulsado por el sueño de encontrar un aparato que solucionara la sordera.

Sin embargo, lo que inventó fue algo diferente: a través de imanes eléctricos consiguió hacer pasar el sonido de un diapasón a otro. Luego, probando diferentes materiales y sustancias, en 1876, consiguió que la voz pasara por el hilo: había inventado el teléfono.

Graham Bell se enamoró de una alumna suya que se

había quedado sorda a la edad de 4 años y se casó con ella en 1877.

Gracias a su invención del teléfono, ganó mucho dinero: gran parte de ello lo gastó en una fundación, la fundación Volta, dedicada a la investigación de la sordera.

Siguió estudiando toda su vida, inventando otros muchos aparatos (como el «gramófono», antepasado del tocadiscos): hasta su muerte en 1922, siempre mantuvo la misma preocupación por ayudar a hablar a los sordos e intentar descubrir nuevas formas de corregir la sordera.

17. LA AGRICULTURA

LA agricultura es probablemente el trabajo más antiguo del hombre.

Hasta hace un siglo, cuando aparecieron las máquinas, la mayoría de las personas trabajaban en el campo: sin embargo, ahora, en España por ejemplo, menos de un 10 por 100 de la población activa se dedica a la agricultura y a la ganadería.

El primer trabajo que se realiza en un campo es labrar: el arado rompe la tierra en glebas o terrones, removiéndola para dejarla blanda y aireada: la tierra queda como peinada, con largos surcos. Luego hay que rastrillarla para deshacer los terrones más grandes.

Para que la tierra tenga alimentos suficientes y las plantas puedan crecer, el agricultor las abona: es decir, que le echa sustancias que servirán de alimento a las plantas. Puede ser estiércol natural (heces de ganado) o abonos químicos que debe comprar en la fábrica.

Luego viene la siembra: hay distintas épocas para sembrar, según la planta, pero la mayoría de las veces se hace en primavera o en otoño.

A menudo hay que escardar, o sea quitar las hierbas o plantas inútiles que crecen en el campo y le quitan fuerza al cultivo.

En los cultivos de secano, como el trigo o la vid, las plantas reciben el agua de lluvia. En los de regadío, hay trabajo suplementario: regar.

Cuando las plantas han crecido, llega el momento de la siega o de la cosecha. A veces se puede segar con grandes máquinas (por ejemplo, el trigo o la cebada), pero en muchos cultivos, la cosecha se hace a mano como en el caso de la aceituna o la vendimia de la uva.

Hasta la primera mitad de este siglo, los bueyes, los asnos y los caballos eran las principales ayudas de los agricultores: ahora son los tractores, las cosechadoras y otros vehículos agrícolas, pero, en los países subdesarrollados, sigue utilizándose como antes la fuerza animal.

18. EL EMPERADOR JULIANO

CUENTA la historia que, en el año 193 después de Cristo, reinó en Roma, durante tan sólo dos meses escasos, un emperador llamado Didio Juliano.

Durante su mandato, los senadores decidieron dedicarle una estatua de oro, pero el emperador Juliano la rechazó, diciendo:

—«Dadme una estatua de bronce en lugar de oro, para que permanezca, pues veo que todas las estatuas de oro y plata de los emperadores que me han precedido han sido destruidas y fundidas para hacer monedas, mientras que las que se construyeron de bronce siguen en pie.»

En aquella época en Roma se construían muchas cosas de bronce, éste era un metal muy utilizado y apreciado por todos: se fundían anzuelos y picos, estatuas de reyes y de jóvenes y hasta de algunos dioses.

Pero Didio Juliano acertó sólo a medias, pues los romanos, durante una batalla contra los godos, se defendieron de éstos tirándoles desde lo alto del castillo de Sant Angelo las estatuas de los emperadores. Y no se pararon a pensar en el metal del que estaban hechas, tiraron todas: las de oro, las de plata y las de bronce.

Más tarde Constantinopla fundió el bronce de sus estatuas para obtener monedas y poder pagar a las tropas que lucharon en la cuarta cruzada.

A lo largo de todos estos años, el único bronce que siempre ha sido respetado por los romanos ha sido «La loba capitolina» que representa el símbolo de la ciudad: una loba que da de mamar a dos niños: Rómulo y Remo, los fundadores de Roma, según la leyenda.

19. EL TABACO

ACTUALMENTE fuman un gran número de hombres y de mujeres, pero es una costumbre que no existía en Europa antes del descubrimiento de América.

Un tal Rodrigo de Jerez, amigo de Cristóbal Colón y compañero de viaje, fue el primero que vio fumando tabaco a los indios de la isla de Guanahaní.

–«Esas gentes –contó Rodrigo de Jerez–, nos parecieron demonios, pues los encontramos echando humo por la boca y soltando chispas de una rama que encienden y chupan. Traigo algunas ramas de ésas y voy a hacer lo mismo que hacían los indios: quemarlas y chuparlas.»

Probablemente le produjeron mareos como a cualquier persona que fuma por primera vez, pero se aficionó y cuando volvió a su pueblo natal era el primero y único fumador del mundo civilizado.

Rodrigo de Jerez echaba chorros de humo por su nariz y sus paisanos le miraban muy asombrados. Trajo gran cantidad de hojas de tabaco y se pasaba el día fumando; entonces su mujer y sus vecinos creyeron que estaba endemoniado y lo denunciaron al tribunal de la Inquisición que le metió en la cárcel.

Poco a poco se fue generalizando el hábito de fumar, sobre todo entre los marinos, de masticar el tabaco y de aspirar su polvo, costumbres que, al parecer, eran corrientes entre los indios.

Algunos reyes tomaron medidas radicales para impedir que la gente se acostumbrara a fumar. Así, en Inglaterra, en el siglo XVI, estuvo prohibido fumar, bajo pena de muerte.

En Prusia se castigaba al fumador con una buena paliza, y si insistía se le cortaba la nariz, y por último el cuello. En Turquía se castigaba con la pena de muerte, etc.

Después, los gobiernos se dieron cuenta de que podían ganar mucho dinero con el tabaco a través de los impuestos especiales o reservándose ellos mismos su comercio. Entonces pasaron de prohibirlo a fomentar su consumo con publicidad.

Actualmente, en todas las naciones se fuma abundantemente. En España se gasta cada año por lo menos 4.000 millones de pesetas en tabaco. Aunque una parte del tabaco que consumimos se produce en la península y en las Islas Canarias, se consume mucho tabaco extranjero, sobre todo americano.

Las zonas españolas de cultivo de tabaco son: las Islas Canarias, Granada, donde se cultiva tabaco rubio, Cáceres, Levante, Cantabria, el País Vasco y Navarra.

Se ha discutido mucho sobre las graves consecuencias que tiene el fumar. El tabaco favorece el cáncer de pulmón. Las arterias se endurecen y se achican, con lo que aumenta el trabajo del corazón y se fatiga uno más fácilmente.

Esto ha hecho que cada vez sea más frecuente encontrar gente que ha dejado de fumar y que los gobiernos hayan obligado a los fabricantes a avisar en cada paquete que el tabaco es perjudicial para la salud.

20. EL PULPO

¿QUIÉN no le conoce? Con sus ocho largos brazos llenos de ventosas, con su cuerpo en forma de bolsa, con sus grandes ojos y su pico córneo de loro.

El pulpo es el terror de los cangrejos, langostas, almejas y, en general, de todos los crustáceos que viven en las cuevas de las rocas que hay en la costa.

El pulpo se queda quieto, al lado de las rocas, esperando que se acerque una presa. Otras veces se esconde entre las algas, o bajo la arena, y sólo se le ven sus grandes ojos.

También a veces se acerca a su presa con gran sigilo y misterio y cuando su víctima está descuidada, le lanza uno de sus largos tentáculos y le sujeta fuertemente con sus ventosas.

La fuerza del pulpo es enorme. Es un gran peligro incluso para el hombre. Tiene ocho brazos, y con unos se adhiere a las rocas y con los otros mata a sus víctima.

Hay pulpos que miden hasta 3 metros, son los más peligrosos, pero no es verdad que existan pulpos gigantes capaces de llevarse al fondo del mar un barco, como nos contaba Julio Verne en sus novelas.

El pulpo cuando ha saciado su hambre es muy tranquilo y amable. Pero cuando está hambriento, es tan voraz que incluso se come sus propios tentáculos, los cuales le vuelven a crecer otra vez.

Cuando hay peligro, el pulpo cambia completamente: cambia de color, se le eriza y se le arruga la piel; todo su aspecto se vuelve tétrico y amenazante.

No le asusta pelearse, pero también sabe retirarse a tiempo cuando va perdiendo una pelea.

Lo que hace entonces es arrojar el agua que tiene en la cavidad peleal que está entre el cuerpo y la piel. Al salir el agua por reacción se desplaza en sentido contrario, es decir, se desplaza hacia atrás. Navega, pues, a reacción.

Al mismo tiempo suelta un chorro de tinta que enturbia el agua y se esconde en seguida.

El pulpo se pesca bastante en España, sobre todo en Galicia, porque su carne cocida es muy sabrosa, sobre todo como «tapa».

21. LAS PLANTAS QUE COMEN CARNE

ESTAS plantas se alimentan de las sales minerales que hay en el agua del suelo, de dióxido de carbono y de carne fresca y viva.

Vamos a ver tres tipos de plantas que comen carne:

El **atrapamoscas** es una pequeña planta americana a la que le gusta mucho comer carne. Sus hojas tienen en los bordes unos pelos rígidos y largos que se doblan como las conchas de una almeja.

En su interior segregan un líquido dulce y tienen unos pelitos que son como un pulsador que hace que se cierre la hoja.

Los insectos, atraídos por el néctar, se posan sobre la hoja, chupan el azúcar y, distraídos, tocan los pelitos del pulsador y, cuando se dan cuenta, están atrapados por una maraña de pelos.

La **drosera o Rocío del Sol** es una planta que vive en las zonas húmedas de las montañas. Sus hojas son carnosas y están llenas de pelos que segregan un líquido pegajoso. Los pelos del borde son más largos.

Cuando un insecto, atraído por el líquido azucarado que brilla al sol, se posa en la planta, queda atrapado en el líquido gomoso. Los pelos del borde de la hoja se doblan y envuelven al insecto; en pocas horas el insecto está digerido.

Se calcula que una planta de este tipo puede capturar hasta 2.000 moscas cada verano.

La **nepentes** es una planta que crece en las orillas de los ríos tropicales. Sus hojas son muy especiales: tienen una prolongación en forma de pipa con una tapadera y son de colores muy vistosos, amarillo y violeta.

En el interior de la pipa, hay agua como hasta media altura, ésta es en realidad una trampa para cazar a los insectos.

Los insectos vienen, atraídos por los colores de la planta, se posan sobre el borde de la pipa y al oler el azúcar se asoman y caen por las paredes resbaladizas de la pipa. Luego no pueden salir, pues hay unos pinchos que se lo impiden.

El insecto, entonces, es digerido y absorbido.

Así cazan las plantas carnívoras: ofrecen sus líquidos azucarados que huelen a miel, y entonces los golosos insectos se posan. Y después..., ya sabemos lo que pasa.

22. EL AVESTRUZ

EL avestruz es la mayor de las aves. A veces hay machos que elevan su cabeza hasta dos metros y medio de altura. Sus alas son muy pequeñas y no sirven para volar. Pero corren muchísimo: pueden ir sin cansarse a 60 km por hora.

Sus largas patas con dos dedos muy gruesos se mueven, cuando corre, tan rápido que casi ni se ven.

Los avestruces viven en las sabanas de África, sobre todo en el hemisferio Sur.

El macho es de color negro excepto las plumas de las alas y de la cola. La hembra es de color gris. Es menos vistosa.

Para camuflarse, el avestruz se acurruca en el suelo y dobla su cabeza sobre el cuerpo. De lejos parece un montículo de arena, como los que hay en el desierto. Si ven un peligro huyen rápidamente.

El nido es un pequeño hoyo hecho en el suelo. Allí la hembra pone de 12 a 14 huevos del tamaño de un melón pequeño. Cada huevo pesa 1 kg y medio y equivale a dos docenas de huevos de gallina. Es decir, que el contenido de un nido de avestruz es de 24 docenas de huevos corrientes.

Los huevos los incuban el macho y la hembra. Se turnan durante seis semanas.

Los avestruces se alimentan de frutas, hierbas, hojas, etc., y también tragan gran cantidad de piedrecitas para facilitar la trituración de los alimentos, ya que no tienen dientes.

Ya no quedan muchos avestruces, pues se han cazado durante mucho tiempo, ya que sus plumas se consideraban muy valiosas.

Los beduinos del Sahara cazan el avestruz persiguiéndolo a caballo y rodeándolo entre varios jinetes hasta que están cerca y le pegan un tiro.

En El Cabo, el cazador se acurruca en el nido del avestruz y cuando se acerca, le lanza flechas envenenadas. Otras veces, se disfraza de avestruz, con la piel de alguno cazado anteriormente. El cazador imita los movimientos del avestruz hasta lograr acercarse lo suficiente y lanzarle una flecha.

Pero ahora la mayor parte de los avestruces que existen se hallan en granjas dedicadas a exportar sus plumas, huevos y carne.

En vez de matarlos para quitarles las plumas, se las cortan y luego les vuelven a salir.

Estas plumas, sobre todo las de los machos, se venden muy caras en Londres, donde les hacen un tratamiento para que duren mucho tiempo. Después se venden por todo el mundo.

El avestruz es un animal peligroso. Sus picotazos pueden romper el cráneo de un hombre y sus coces son más fuertes que las de un caballo.

Para cortarles las plumas les tienen que tapar la cabeza con un capuchón.

El avestruz tiene costumbres muy curiosas: los machos realizan, delante de las hembras, todo tipo de saltos en las posturas más raras y las hembras les observan atentamente.

También tienen la manía de tragar todo lo que les llama la atención: cigarrillos, flores artificiales de los sombreros, imperdibles, botones, llaves, etc. Las personas que van a verlos a los parques o granjas tienen que tener mucho cuidado.

También se comen clavos, alambres, trozos de cristal... Así que su estómago parece una chatarrería. Aunque la mayoría de las veces estos banquetes no les sientan mal, algunas veces mueren de una indigestión.

23. PIEDRA ANTIGUA, PIEDRA NUEVA

LA historia del hombre prehistórico se divide en dos épocas, el paleolítico (el período anterior a 10.000 años a. C.) y el neolítico (el período que se extiende desde el final del paleolítico hasta el principio de la historia: 5.000 años a. C.).

Durante el paleolítico, los hombres vivieron miles de años en pequeños grupos familiares (tribus) de nómadas.

Cazaban, pescaban y comían las frutas, plantas y raíces comestibles que podían encontrar en los bosques. Se refugiaban en cuevas y, cuando escaseaba la comida, tenían que desplazarse hasta otra zona.

Utilizaban piedras talladas, huesos y palos de madera para fabricar sus armas.

La organización social de la tribu era probablemente muy sencilla, ya que todos hacían lo mismo. Mandaban los hombres más fuertes y también los pocos ancianos que guardaban en su memoria los conocimientos acumulados por sus antepasados: por eso eran muy respetados.

Entre los 10.000 y los 8.000 años a. C., quizá debido a una suavización del clima, en Mesopotamia, una tierra muy fértil gracias a sus ríos, se produjo un cambio radical en la vida de los hombres.

Observando la naturaleza, algunos se dieron cuenta de que podían controlar el crecimiento de algunas plantas como el trigo o el lino, que entonces crecían salvajes. También domesticaron algunos animales.

Había nacido la agricultura y la ganadería: el neolítico.

Al tener reservas de comida, los hombres se volvieron sedentarios: empezaron a construir casas y perfeccionar sus herramientas: primero la piedra pulida, luego los metales, la cerámica y la rueda.

Ya no vestían sólo con pieles, sino que eran capaces de hilar y tejer.

Los pueblos fueron creciendo y los grupos humanos ya no eran pequeñas tribus, sino sociedades más complejas.

Los hombres ya no hacen todos lo mismo: unos son agricultores, otros pastores, carpinteros...: es la división del trabajo.

Al ser propietarios de bienes (casas, campos, animales) sienten la necesidad de defenderse de sus vecinos o de atacarlos para tener más: aparecen guerreros y soldados de los que surgirán jefes y, más tarde, reyes.

Los grupos humanos ya van constituyendo clases sociales, unas potentes y ricas y otras pobres y sumisas.

Con las guerras, habrá prisioneros: serán los primeros esclavos.

24. GOYA

FRANCISCO de Goya y Lucientes nació en Fuendetodos, un pueblo de Aragón, en 1746.

Desde su infancia Goya se pasaba el día dibujando y sus primeras obras las pintó en la iglesia de su pueblo.

A los 13 años empezó a estudiar dibujo en la Academia de Zaragoza, su maestro José Luzán le enseñó la técnica del dibujo y la pintura, las mezclas de los colores y la importancia de la composición.

A la edad de 24 años se desplaza a Roma donde pinta sin descanso y completa su formación artística. Al año siguiente regresa a Madrid.

En 1773 se casa con Josefa Bayeu, hermana del pintor Francisco Bayeu y empieza a trabajar en la Real Fábrica de Tapices. Durante esta época pinta infinidad de cartones: «La merienda», «El columpio», «El quitasol»..., que servirán de modelo para los más famosos tapices de la época.

A partir de este momento su situación económica y social mejora. Es ya un artista importante, su nombre es ya conocido en la corte de Carlos III y muchas damas quieren servir de modelo del pintor.

Durante esta época Goya pinta a hombres que se adornaban con pelucas, brillantes chaquetas, lazos y encajes y mujeres llenas de sedas, de joyas y de abanicos.

En 1784 nace su hijo Francisco Javier Goya.

Unos años más tarde, en 1792, enferma gravemente y se queda sordo. Su carácter cambia y se vuelve más solitario y pesimista: ese cambio se refleja en su pintura donde los colores se oscurecen y en la cual aparecen a veces personajes extraños y deformes como en sus famosas «Pinturas Negras».

Empieza a trabajar en el grabado y en el aguafuerte. De esa época son: «Los caprichos», «Los disparates»...

En 1795 es nombrado director de Pintura de la Real Academia de San Fernando y comienza su relación con la Duquesa de Alba. Es en esta época cuando Goya hace los famosos retratos de la Duquesa de Alba: «La maja vestida» y «La maja desnuda».

En 1808 España es invadida por las tropas de Napoleón Bonaparte, el 2 de mayo las tropas de Napoléon fusilan a cientos de madrileños y Goya desde su casa ve los asesinatos. Unos años más tarde, en 1814 pintará «El Dos de Mayo» y los «Fusilamientos del Tres de Mayo» y una serie de grabados terribles sobre los horrores de la guerra.

Goya es un apasionado de la fiesta de los toros y en 1816 publica «La Tauromaquia»: una colección de grabados sobre toros y toreros.

En 1820, decepcionado por la política que sigue el rey Fernando VII, a la edad de 74 años, se exilia en Francia y se queda a vivir en Burdeos hasta su muerte en 1828.

25. EN EL FONDO DEL MAR

LAS profundidades oceánicas son un mundo extraño: más allá de 200 metros bajo la superficie ya no llega la luz del sol y todo está oscuro y frío.

A medida que se sigue bajando, la presión del peso del agua es tremenda y aplastaría a cualquier ser humano.

Podríamos pensar que allí tan abajo, no puede haber vida y, sin embargo, está poblado de animales curiosos.

Algunos están ciegos y se orientan por el tacto, pero otros producen su propia luz gracias a unas células específicas distribuidas por su cuerpo. Aguantan bien el frío y soportan la presión gracias a líquidos interiores que la equilibran: como los líquidos no pueden comprimirse, esos animales no resultan dañados por la presión.

¿Qué comen? En efecto, a esa profundidad no hay plantas porque las plantas necesitan luz para vivir.

Hay animales carroñeros y animales depredadores. Los carroñeros se alimentan de todo aquello que va cayendo lentamente al fondo del mar desde las capas más altas: restos de plantas y de peces muertos.

Los depredadores se alimentan a su vez de los carroñeros. Esos peces depredadores suelen tener formas realmente horribles: ojos enormes para poder captar la poca luz que puede haber y grandísimas bocas llenas de dientes.

Menos mal que la mayoría de ellos miden tan sólo unos pocos centímetros de longitud.

26. EL CINEMATÓGRAFO

¡EL cine ya es centenario! El 22 de marzo de 1895, se proyectó la primera película del mundo: era muy corta, en blanco y negro, sin sonido y en ella sólo se podía ver cómo salían unos obreros de una fábrica. Pero los primeros espectadores se quedaron boquiabiertos: ¡allí se veía gente que se movía!

Volvamos unos años antes: Antoine Lumière era un fotógrafo de Lyón, en Francia, que había montado una pequeña industria de fabricación de placas sensibles para máquinas de fotos (de esas antiguas de madera). Su hijo Louis, con la ayuda de su hermano Auguste, consiguió mejorar la fabricación de esas placas y desarrollar la industria paterna que llegó a tener 300 obreros.

En esos años, varios inventores habían conseguido desarrollar aparatos individuales donde se podían ver imágenes que se movían (un poco como los dibujos animados): el «cronofotógrafo» de Edison, por ejemplo.

Observando una máquina de tejer, Louis Lumière tuvo la idea de fabricar una película con unos agujeros laterales y una máquina con pequeños garfios que fuera arrastrando la película delante del objetivo: de esta forma, se conseguía una serie de fotografías de cada instante del movimiento. Era una cámara.

Pasando esos fotogramas entre una luz y una lente con una velocidad adecuada (más o menos 27 por segundo), se podía ver de nuevo el movimiento en la pantalla. Era un proyector.

Para probar el invento, Louis Lumière no tuvo que ir muy lejos: se puso delante de su fábrica a la hora de la salida y, allí, rodó la primera película de cine, moviendo con la mano la manivela de su cámara.

En los años siguiente, otros inventores mejoraron las cámaras y los proyectores para que las imágenes fueran mejores, que se pudieran ver en color y oír el sonido, pero es gracias a los hermanos Lumière que todos hemos podido pasar buenos ratos en las «salas oscuras».

27. LA MÁQUINA DE VAPOR

LOS griegos antiguos ya habían observado que la fuerza del vapor podía producir movimiento.

Colocaban agua en una esfera fijada en un eje horizontal y que tenía dos pequeños tubos curvos con salida a cada lado, uno hacia arriba, otros hacia abajo.

Si se calentaba la esfera, el agua hervía y el vapor empezaba a salir por los tubos estrechos: la bola empezaba entonces a girar.

Pero nadie encontró ninguna utilidad práctica a esa experiencia hasta finales del siglo XVIII.

Un inglés, Watt, en 1765, volvió a pensar en el problema porque las industrias inglesas estaban en pleno desarrollo y querían encontrar una forma de trabajar más rápida y más barata.

Hasta entonces, las pocas máquinas que había eran movidas por la fuerza de animales o de obreros.

Watt construyó la primera máquina de vapor: quemando carbón, se calienta el agua de una caldera: el vapor al principio no puede salir. Se produce entonces una gran presión. Cuando la presión es alta, se abre una

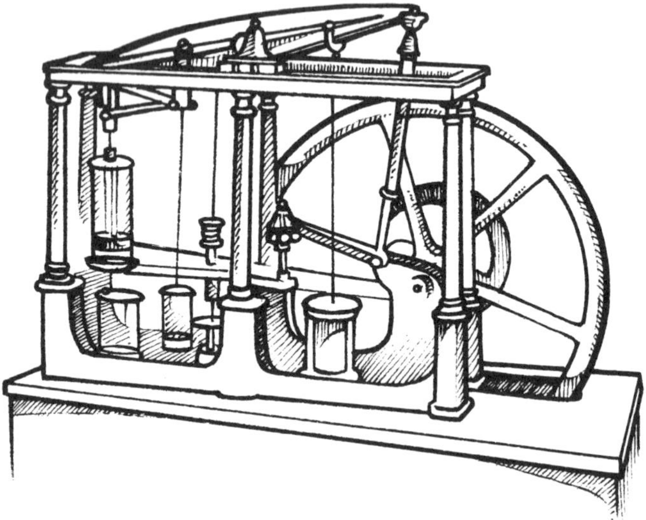

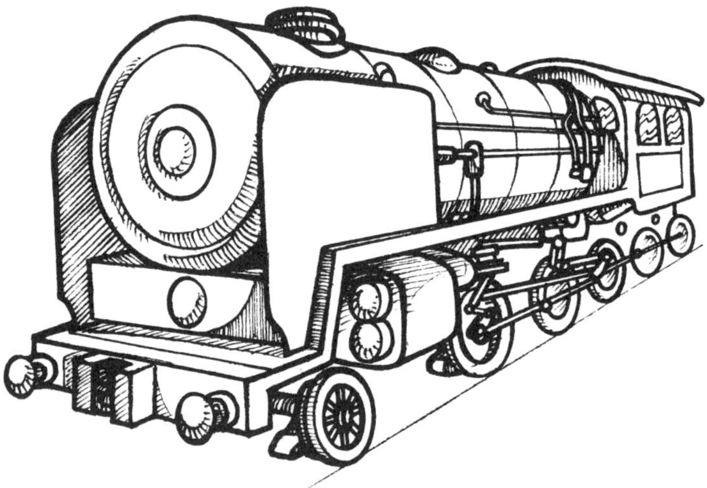

tubería muy estrecha: el vapor se escapa por allí con mucha fuerza. En medio de esa tubería hay una rueda con paletas: el vapor la hace girar a mucha velocidad. Ese movimiento se transmite luego, a través de otra pieza de metal o a través de correas, a cualquier tipo de máquina.

El vapor, luego, pasa a un sitio donde se enfría: al enfriarse se condensa de nuevo en agua y ese agua vuelve a la caldera.

En el siglo XIX, la máquina de vapor empezó a utilizarse en todas las fábricas y permitió la construcción de los primeros trenes y de los barcos de vapor.

Fue la base de la revolución industrial.

En el siglo XX, sin embargo, la máquina de vapor fue poco a poco sustituida por motores de gasolina y motores eléctricos.

Ahora se utiliza la fuerza del vapor únicamente para mover los gigantescos generadores de electricidad de las centrales térmicas o nucleares.

28. LOS IMANES

EL filósofo griego Tales, en el siglo VI a. C., fue el primero en fijarse en unas extrañas piedras que atraían el hierro u otras piedras del mismo tipo. ¡Se juntaban solas! Parecía magia.

Esas piedras las encontró en un lugar llamado Magnesia: eran imanes naturales cuyo nombre actual es precisamente «magnetita».

Durante siglos, se siguieron observando los imanes sin saber muy bien por qué atraían el hierro ni en qué consistía esa fuerza de atracción, el «magnetismo».

A pesar de no entenderla, consiguieron, sin embargo, utilizarla en algunos instrumentos, por ejemplo: la brújula (invención del siglo XI d. C.), que utiliza una aguja imantada.

Habían observado que un trozo de hierro frotado contra una magnetita se volvía también imán y que una agujita imantada en un eje siempre giraba indicando el Norte.

Así, poco a poco, se empezó a conocer mejor los imanes, observando, por ejemplo, que tenían dos polos y que se atraían, pero también se repelían si se colocaban en sentido contrario (Norte y Sur se atraen pero Norte y Norte o Sur y Sur se repelen).

De esta forma, los científicos aprendieron a conocer mejor el magnetismo y a fabricar imanes artificiales.

A partir de los estudios sobre electricidad en el siglo XIX, se unieron ambas fuerzas, la electricidad y el magnetismo, en objetos tan sencillos como los timbres, pero también en aparatos muy complejos como generadores y motores eléctricos.

La tierra misma funciona como un gran imán: actualmente un polo de atracción está cerca del polo Norte (por eso es allí hacia donde gira la aguja de la brújula), pero no ha sido siempre así.

Han descubierto algo que todavía resulta misterioso para los científicos: a lo largo de la historia de la tierra los polos se han invertido varias veces. Hubo épocas en que el polo magnético de la tierra estaba en el Sur.

Esto se supo comparando el funcionamiento de trozos de magnetita de distintas épocas del pasado, viendo cómo los polos se invertían según la edad de la magnetita.

La última vez que ocurrió eso fue hace unos 700.000 años.

29. LA PASIÓN POR EL PASADO

LOS hombres siempre han sentido curiosidad por conocer el pasado, por saber qué acontecimientos ocurrieron hace siglos y cómo vivían nuestros antepasados: en definitiva, queremos conocer el origen de nuestro mundo.

Para estudiar el pasado están primero los historiadores: son científicos que buscan en documentos escritos lo que ocurrió en siglos anteriores.

A veces no es fácil: quedan pocos escritos de épocas remotas; algunos están escritos en idiomas desaparecidos o escrituras olvidadas.

Hasta el siglo XIX no se supo leer los jeroglíficos del Antiguo Egipto cuyo significado se fue perdiendo en la Edad Media.

Actualmente, muchos investigadores tratan de descifrar los grabados en piedra de los monumentos mayas: ya saben interpretar bastantes símbolos, pero les queda mucho por descubrir.

Por el contrario, la escritura de los antiguos iberos sigue siendo un completo misterio.

Pero los hombres sólo inventaron la escritura unos 5.000 años a. C.: allí empieza la Historia.

Para las épocas anteriores, no hay nada escrito: es la prehistoria. Allí intervienen los arqueólogos: éstos científicos se dedican a estudiar los restos de las antiguas culturas y civilizaciones: monumentos, tumbas, murallas...

La mayor parte de esos restos quedaron enterrados y, para encontrarlos, los arqueólogos hacen excavaciones donde, con mucha precaución, buscan sus «tesoros».

Con las piezas de cerámica, las armas, los esqueletos, los dibujos, las esculturas y las ruinas de construcciones, intentan reconstruir el pasado e imaginar cómo vivían esos hombres de hace 10.000 ó 30.000 años.

Claro que nunca sabremos cómo se llamaba aquel cazador que pintó bisontes en su cueva o aquel jefe de tribu cuyo esqueleto se encontró, junto con sus joyas y sus armas, en una tumba subterránea. Para eso necesitarían haber conocido la escritura.

30. LOS RECORDS

CADA año, se baten varios records en deporte: algún atleta consigue correr más deprisa, saltar más alto, lanzar más lejos, levantar más peso...

¿Cómo es posible que se siga mejorando de esta manera?

Existen varias razones que explican esa progresión, pero todas están en relación con un estudio cada vez más científico y preciso de todos los elementos que intervienen en el deporte:

– La alimentación: médicos especializados preparan la dieta especial de cada atleta en función de sus características, del deporte que practica y del momento (si se acerca o no alguna competición).

– La técnica: gracias al cine y al vídeo, se puede estudiar perfectamente cada movimiento del cuerpo, perfeccionarlos o corregir defectos hasta conseguir el movimiento perfecto.

A veces, algún atleta o entrenador introduce una nueva técnica que permite mejorar las marcas y alcanzar nuevos records. El ejemplo más famoso en los últimos años fue la revolución que introdujo el norteamericano Fosbury en el salto de altura, al saltar de espalda.

– El entrenamiento: los atletas de hoy se entrenan mucho más que los de hace 30 ó 40 años. Los campeones se pasan todo el día entrenando con programas muy estudiados por los entrenadores.

No sólo se dedican a realizar muchas veces el deporte que practican, sino también ejercicios específicos para desarrollar una u otra parte del cuerpo.

Detrás de una victoria, hay miles de horas de esfuerzo en gimnasios, pistas o salas de entrenamiento. Para aguantar eso, hace falta una gran fuerza de voluntad.

¿Se llegará algún día al máximo de las capacidades humanas?

Es difícil contestar a esa pregunta. La verdad es que, hasta ahora, todos los records terminan cayendo algún día.

También es verdad que las diferencias son cada vez más pequeñas: se consiguen algunas décimas de segundos, algún centímetro más...

En algunas especialidades, parece que se está muy próximo al máximo de la capacidad humana: concretamente, el record de 100 metros lleva varios años alrededor de los 10 segundos.

En otras, sin embargo, se siguen registrando diferencias importantes en los progresos, especialmente en las pruebas femeninas, probablemente debido a que las mujeres llegaron más tarde al deporte profesional.

La opinión de los especialistas es que todavía nos quedan muchos años para disfrutar de numerosas «caídas» de los records, pero que, cada vez, costará más esfuerzo batirlos.

31. EL ESCORPIÓN

EL escorpión, mal llamado alacrán, es un arácnido de color pajizo. Está magníficamente armado para pelear con cualquiera.

Tiene ocho patas, dos grandes pinzas, dos pincitas pequeñas junto a la boca, dos ojos para ver de noche, dos ojos para ver de día y un largo abdomen que termina en un aguijón venenoso que clava por cualquier cosa.

Es un animal nocturno y vive debajo de las piedras, en países cálidos. Por la noche sale a cazar arañas y saltamontes. Los agarra con sus pinzas y los devora. Si son grandes y se le resisten, agarra a los animales con sus pinzas, encorva la cola y les pincha dos o tres veces con su aguijón venenoso. Después se los come sin dejar rastro.

El veneno de su aguijón no tiene ningún efecto sobre él: aunque se coma presas envenenadas o se clave a sí mismo el aguijón, no le pasa nada.

Por eso, decir que el escorpión se suicida clavándose el aguijón en la cabeza cuando está rodeado de fuego, es sólo una leyenda.

Lo que ocurre es que cuando está rodeado de fuego, se

pone muy nervioso y lanza aguijonazos por todas partes, y al final cae muerto; pero no por el veneno, sino por el calor.

Los escorpiones nunca pican a las personas si no se les molesta; pero hay que tener cuidado, pues levantar una piedra es molestarlos.

Su picadura es peligrosísima. Las grandes especies de hasta 20 centímetros de largo que existen en Brasil, el Norte de África, etc., pueden producir picaduras mortales. En España sus picaduras son muy dolorosas, pero no son mortales.

Entre los escorpiones, el «canibalismo» es muy corriente. Las hembras, que suelen ser más grandes, se comen a los machos y a veces también a sus propios hijos.

La madre suele llevar a todos sus hijos a cuestas, sobre su espalda, durante los 15 primeros días. Ella se preocupa muy poco de sus hijos. No es la madre la que los coloca sobre su espalda, sino que los pequeños trepan por sus patas y buscan refugio allí. A ella le da lo mismo llevar a sus hijos que a los de otra familia.

La madre escorpión nunca da de comer a sus hijos. No se sabe qué comen. Y si alguno de ellos se acerca a su boca cuando está comiendo, entonces la madre lo devora como hizo con el padre.

32. EL MAR DE LOS SARGAZOS

EN los mares crecen y se desarrollan grandes cantidades de algas. La mayoría son microscópicas y constituyen la parte más importante del «plancton», es decir, del conjunto de seres vivos que están flotando. Pero también las hay de gran tamaño. Tienen forma de correa o de láminas y pueden ser muy largas.

Entre las que más abundan en el mar están unas algas llamadas «Sargazos», que están en la superficie porque tienen unos flotadores.

Hay muchas en los mares tropicales, sobre todo en las costas americanas. Las corrientes marinas las arrastran en grandes cantidades, y después las van dejando a lo largo de su recorrido.

La corriente del golfo viene de las costas de Estados Unidos hacia Europa. Después desciende por África, y vuelve por el Norte del Ecuador hasta el golfo de México. Allí se calienta hasta los 32 grados y después vuelve hacia Europa del Norte, a la que sirve de calefacción.

En este recorrido circular queda en el centro del Atlántico una zona tranquila donde se van almacenando gran parte de las algas arrastradas por la corriente, sobre todo sargazos.

Según una leyenda de los siglos XVI y XVII este mar de los Sargazos era como una fantástica pradera, donde crecían y se juntaban un gran número de algas. Los barcos, que tenían la mala suerte de meterse por allí, quedaban apresados entre los miles de sargazos y no podían salir, terminaban destrozándose y muriendo sus tripulantes.

De modo que todo ese mar estaba cubierto de restos de embarcaciones, ropa, esqueletos... Todo ello flotando entre las algas.

Este mar era un mar maldito para los marineros que navegaban por esas rutas.

En este siglo se han hecho investigaciones que han comprobado que la leyenda era muy exagerada. Sí hay aglomeraciones de algas flotantes en ciertas zonas del Atlántico, pero un barco grande las atraviesa sin problema.

Es poco probable que todos los barcos que pasaran por el mar de los Sargazos quedaran atrapados.

33. EL MIMETISMO

HAY animales que se pueden defender de los ataques de otros animales gracias a su velocidad para escapar o a la fuerza de sus picos, de sus dientes o de sus garras.

Pero hay otros que no son ni rápidos ni fuertes: en algunos casos, a lo largo de millones de años, esas especies han desarrollado un sistema muy peculiar de protección: el mimetismo.

Se adaptan al color y a la forma del sitio donde viven habitualmente de tal manera que resulta muy difícil verlos.

Muchos peces tienen el lomo oscuro y el vientre blanco: vistos desde arriba por animales pescadores como el pelícano, su lomo se confunde con el agua. Vistos desde abajo, contra la superficie iluminada por el sol, el vientre blanco parece desaparecer.

Ciertos insectos tienen una forma tan parecida a una hoja o a una ramita que, si se quedan inmóviles, resulta casi imposible verlos.

El caso más llamativo de mimetismo es evidentemente el de aquellos animales capaces de cambiar de color, según el color del sitio donde se encuentran, como el camaleón.

El campeón de esa categoría es una clase de lenguado de los mares del Sur: en un experimento unos científicos colocaron un lenguado de esa familia en una pecera con un fondo de tablero de ajedrez. A las pocas horas, el pez había producido en su piel una imitación del dibujo sorprendente, ya que normalmente suele imitar los tonos de la tierra o de la arena del mar.

El mimetismo no sólo sirve para defenderse, sino también para atacar: algunos animales aprovechan su parecido con las plantas para esconderse entre ellas y esperar, inmóviles, que se acerque algún animal indefenso que no se dé cuenta del peligro hasta que sea demasiado tarde.

El pez hoja, por ejemplo, en las selvas americanas, consigue atrapar así a pececillos más rápidos que él.

34. LAS VACUNAS

HAY medicinas que tomamos cuando estamos enfermos: sirven para curar las enfermedades.

Pero hay otras medicinas que tomamos cuando estamos sanos para prevenir las enfermedades, es decir, para evitarlas antes de que lleguen. Éstas se llaman vacunas.

Una vacuna es un método de prevención de enfermedades que consiste en introducir en el cuerpo pequeñas cantidades de bacterias, de microbios o de virus para que el cuerpo fabrique rápidamente células para defenderse (son los anticuerpos). De esta forma, si más tarde llega la enfermedad, el cuerpo está preparado para defenderse y los anticuerpos eliminan rápidamente las primeras bacterias, microbios o virus antes de que tengan tiempo de multiplicarse y de producir la enfermedad.

La palabra vacuna viene de «vaca», porque la primera fue realizada con ese animal en 1796 en Inglaterra: Edward Jenner había observado que los anticuerpos que fabricaba el cuerpo para defenderse de una enfermedad muy leve de las vacas (la «vacuna») servían también para protegerse de una enfermedad muy grave que, entonces, mataba a mucha gente: la viruela.

Introduciendo un poquito de esa enfermedad (la «vacuna»), en el cuerpo de una persona, quedaba también protegida contra la viruela.

Luego, se utilizó la misma palabra «vacuna» para todos los otros sistemas que se inventaron para otras enfermedades.

Una de las más famosas fue la vacuna inventada por el francés Pasteur contra la rabia, una enfermedad mortal transmitida por mordeduras de zorros o perros enfermos y que mataba a mucho ganado y, a veces, a personas. Además Pasteur descubrió por qué funcionaba la vacunación.

Así, poco a poco, se descubrieron nuevas vacunas.

Ahora, cuando un niño nace, recibe varias vacunas durante el primer año: contra la difteria, el tétano, la tos ferina, la poliomielitis, el sarampión...

Gracias a ello, hay graves enfermedades que casi han desaparecido en Europa, como la viruela. Y la mortalidad infantil ha disminuido muchísimo.

Las vacunas se toman por la boca o con inyección.

A los 11 años, todas las niñas se vacunan contra una enfermedad, la rubéola: es una enfermedad muy leve, sin importancia para la gente, pero es muy peligrosa para los bebés, antes de nacer, si su madre embarazada, contrae esa enfermedad.

Nosotros, los europeos, cuando vamos a ciertos países, como países tropicales de África o de Asia, debemos vacunarnos contra algunas enfermedades (el tifus, el cólera) que no existen en Europa, pero allí sí. No tenemos defensas contra ellas: gracias a la vacuna, nuestro cuerpo fabricará suficientes anticuerpos para estar protegidos durante 3 ó 4 meses y poder así viajar sin peligro.

35. EL EFECTO INVERNADERO

LA Tierra está rodeada de una capa de gas que llamamos atmósfera. Sin ella, no hubiera sido posible la aparición de la vida.

No es sólo porque contiene el aire que respiramos, sino por su influencia sobre la temperatura.

La atmósfera permite conservar el calor de los rayos solares y evitar que la temperatura baje demasiado por las noches o suba demasiado por el día.

También nos protege de ciertos rayos que resultan perjudiciales (gracias, sobre todo, a un gas llamado ozono).

Cuanto más densa esté la atmósfera (es decir, cuanto mayor número de moléculas estén juntas en un mismo espacio) y cuantas más partículas de polvo tiene, más retiene el calor.

Esto explica por qué hace más calor en la llanura y más frío en las montañas: abajo, la atmósfera está más densa y más contaminada: los rayos del sol que llegan al suelo se reflejan de nuevo en esas partículas y el calor se queda.

En las altas montañas, donde la atmósfera es poco

densa y muy limpia, los rayos del sol rebotan contra el suelo y la mayor parte del calor vuelve al espacio.

Este fenómeno de conservación del calor por la atmósfera se llama el efecto invernadero, porque funciona como un invernadero: es como esa casita de cristal donde se cultivan plantas que necesitan calor: los rayos del sol calientan el aire que está dentro a través de los cristales, pero éstos no dejan escapar ese calor: por eso hace más calor dentro del invernadero que fuera.

Desde el siglo XIX, la contaminación de la atmósfera ha aumentado muchísimo por las industrias, los automóviles, la calefacción y el incremento general de la población.

Al incrementarse la contaminación, ha aumentado el número de partículas de la atmósfera y, por lo tanto, ha aumentado el efecto invernadero: la atmósfera cada vez retiene más calor.

Los científicos están preocupados por las posibles consecuencias de ese cambio rápido sobre el clima: si aumenta la temperatura media de la Tierra, parte de los hielos de los polos puede derretirse, el nivel de los océanos crecer y producirse así inundaciones en las costas.

Por otro lado, piensan que el aumento de temperatura puede provocar un crecimiento de las zonas desérticas.

Para evitar esas consecuencias, están buscando soluciones al problema de la contaminación atmosférica. ¿Las encontrarán a tiempo?

36. MIGUEL DE CERVANTES

MIGUEL de Cervantes es seguramente el escritor español más famoso en todo el mundo.

Nació en Alcalá de Henares en 1547 y murió en Madrid en 1616.

Después de estar un tiempo en Italia, luchó en la famosa batalla naval de Lepanto, contra los turcos, donde resultó herido en el brazo izquierdo que le quedó paralizado.

Cuatro años más tarde su barco fue capturado por piratas turcos y Cervantes permaneció cinco años prisionero en Argel.

Volvió por fin a España, se casó y tuvo una hija. Trabajó como cobrador de impuestos y vivió en Valladolid y en Sevilla.

Tuvo que volver dos veces más a la cárcel, no se sabe muy bien por qué, pero se le declaró inocente. Finalmente, se instaló en Madrid.

A pesar de su fama, vivió pobremente hasta la muerte.

Cervantes quiso ser poeta, pero él mismo reconoció que sus versos no eran muy buenos. Intentó alcanzar la fama con el teatro, pero su estilo, más clásico, no tuvo el éxito que esperaba: a la gente le gustaban más las obras de Lope de Vega, el autor de moda en esa época.

Como novelista Cervantes se convirtió en uno de los grandes genios de la literatura y especialmente con su obra: «El Ingenioso Hidalgo Don Quijote de la Mancha».

Esa novela empezó como una crítica burlona de unos libros que estaban entonces de moda y que Cervantes odiaba: las novelas de caballerías, llenas de historias fantásticas y de héroes maravillosos.

Pero poco a poco, Cervantes convirtió su obra en una reflexión más profunda sobre la vida de los hombres.

A través de las aventuras de dos personajes opuestos: Don Quijote (valiente e idealista) y Sancho Panza (prudente y realista) desarrolló los temas que cualquier hombre se plantea alguna vez: la justicia, el amor, la muerte, el objetivo de nuestra vida, la libertad.

El Quijote ha sido traducido a todos los idiomas del mundo y las siluetas de Don Quijote y Sancho Panza, la una tan flaca y la otra tan gorda, han quedado en la imaginación de los hombres desde hace cuatro siglos.

37. ¡VAYA VIENTO!

YA sea como una brisa suave o como un huracán, el aire de la atmósfera inferior está siempre en movimiento.

La fuerza que origina esos vientos es la energía del sol. Al calentarse, el aire se dilata y asciende, con lo que se forman allí áreas de baja presión.

El aire más frío, menos denso, de zonas próximas se desplaza entonces para ocupar el sitio del aire caliente que sube: ese desplazamiento es el viento. Por esa razón, el viento va siempre desde una zona fría a otra más cálida.

Como no hace la misma temperatura en todos los sitios de la tierra y como esa temperatura, además, cambia según el día y la noche o la estación del año, el aire no para nunca de moverse, a veces de forma suave, a veces de forma muy rápida.

Además, sobre la temperatura, influye también la presencia de agua, la altura de las montañas o diversas fuentes de calor.

Por eso existen vientos que se producen de forma local e irregular, además de los grandes vientos siempre presentes, como los Alisios que barren el Atlántico y que eran buscados por los marineros cuando los barcos navegaban con velas, la Tramontana en el Mediterráneo o el Cierzo que despeina a menudo a los habitantes de Zaragoza.

Los vientos más fuertes son los huracanes y se producen precisamente en zonas muy cálidas, cerca del Ecuador: el fuerte calor hace que el aire suba muy deprisa al mismo tiempo que se carga de vapor de agua.

Ese vacío atrae entonces el aire de zonas próximas que se precipita hacia esa zona de baja presión formando una enorme tormenta de viento y lluvia que va girando sobre sí misma a toda velocidad y desplazándose hasta llegar a un lugar más frío donde se para al interrumpirse la ascensión de aire y de vapor.

38. LA TELEVISIÓN

TODAS las casas tienen ahora un televisor y, a veces, varios, pero cuando tus abuelos eran jóvenes, lo más seguro es que no tuvieran, porque la televisión es un invento reciente y, en España, los primeros programas se iniciaron en 1956.

La televisión es un sistema que permite transmitir imágenes y sonidos a través del aire, sin necesidad de cables ni de hilos. Se desarrolló en Estados Unidos en los años 30.

Una cámara capta primero la imagen y la transforma en señales eléctricas, dividiéndola en numerosos puntitos que junto al sonido se convierten después en ondas que atraviesan el aire. Las ondas son pequeños movimientos de las moléculas de aire que no vemos ni sentimos, pero que cruzan la atmósfera.

En nuestra casa, una antena recoge esas ondas que llegan así a nuestro televisor: éste vuelve a repartir las señales por cada uno de los puntitos que forman la pantalla. De esta forma nosotros podemos ver lo que capta la cámara.

Las ondas de televisión no pueden ir muy lejos: para que la emisión llegue a todos los sitios, hace falta instalar repetidores. Son grandes antenas que recogen la señal y la mandan otra vez hasta otra zona.

Ahora es posible llegar a miles de kilómetros gracias a los satélites que giran alrededor de la tierra y que funcionan como grandes repetidores, llegando programas de televisión desde un continente a otro.

Para captar un programa directamente desde el satélite se necesita una antena especial, una antena parabólica.

Al principio los televisores sólo eran en blanco y negro y había pocos canales: ahora sale en color y en algunos países el telespectador puede elegir entre decenas de canales diferentes.

Con el vídeo podemos incluso grabar los programas y verlos después.

La televisión ha cambiado completamente el tiempo de ocio en la casa, sustituyendo a muchas diversiones con las que se entretenían tus padres o tus abuelos.

39. MICROBIOS, BACTERIAS Y VIRUS

En torno nuestro y dentro de nuestro propio cuerpo, existen miles de seres vivos que no podemos ver porque son muy pequeños.

Las bacterias, por ejemplo, son seres que sólo tienen una célula: además no poseen un núcleo diferenciado, sino que el material del núcleo está disperso por toda la célula.

Hay bacterias «patógenas», es decir, que causan enfermedades, pero la mayoría de ellas no lo son, al contrario, permiten, por ejemplo, la descomposición de los animales o plantas muertos y su transformación en sustancias que fertilizan el suelo.

Microbio significa «vida pequeña» y es un nombre que se aplica a cualquier ser tan pequeño que no se ve, como la bacteria.

Por el contrario, un virus es algo distinto: es aún más pequeño que la bacteria porque no está compuesto de célula. Es algo como una gran molécula formado de unas sustancias que le permiten reproducirse.

Como son tan simples, los virus no pueden vivir solos: necesitan introducirse dentro de las células: allí se multiplican, dañando los tejidos.

A veces el daño que provocan no se nota, otras veces causan enfermedades leves como la gripe o muy graves como el SIDA. Entonces, el cuerpo fabrica células capaces de descubrir y eliminar los virus (los anticuerpos). Pero algunos virus van cambiando de forma con el tiempo: de esta forma pueden introducirse de nuevo en el cuerpo, burlando sus defensas.

En el caso del SIDA, el virus ataca precisamente al sistema de defensa: el organismo se encuentra entonces expuesto a coger cualquier enfermedad sin poder reaccionar: su acumulación suele terminar con la muerte.

40. LA ELECTRICIDAD

LA electricidad es una de las fuentes de energía más misteriosa. Siempre ha existido en la naturaleza (por ejemplo, en los rayos), pero los hombres sólo consiguieron aprender a utilizarla a finales del siglo XIX.

Pero ¿qué es la electricidad?

Todo lo que existe en el mundo está formado de átomos muy pequeños, tan pequeños que no podemos verlos.

En el centro de cada átomo, hay un núcleo que contiene partículas minúsculas: neutrones y protones. Girando alrededor del núcleo hay unas partículas aún más pequeñas: los electrones.

Esos electrones tienen una carga eléctrica negativa (–) mientras que los protones del núcleo tienen una carga eléctrica positiva (+).

Normalmente, la materia es eléctricamente neutra, es decir, que cada átomo tiene el mismo número de protones que de electrones: hay equilibrio entre las dos.

Si los átomos de un cuerpo cogen o pierden electrones, se produce un desequilibrio: se dice, entonces, que ese

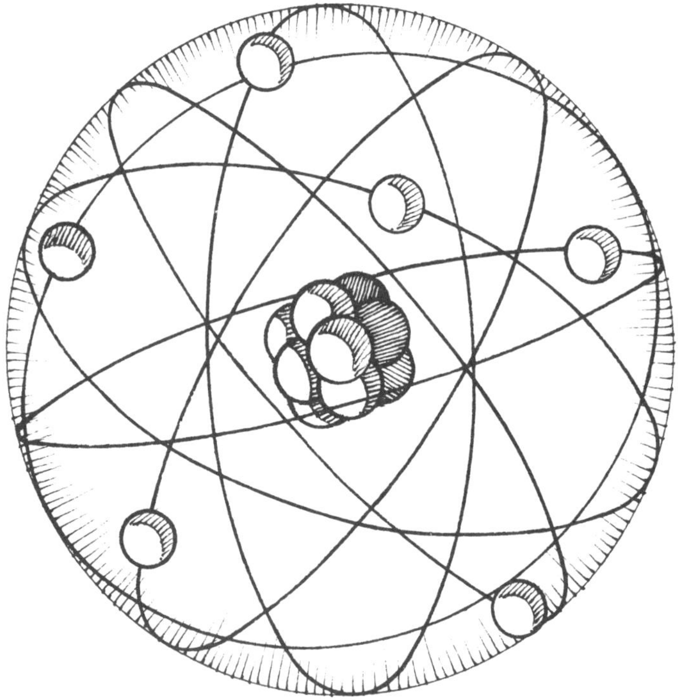

cuerpo está electrizado: tiene electricidad positiva si ha perdido electrones; tiene electricidad negativa si ha ganado electrones.

Es lo que ocurre cuando frotas el bolígrafo contra un jersey de lana: se queda electrizado y puede atraer, con esa fuerza, pequeños objetos como pelos o trocitos de papel.

Hay materias que pierden fácilmente sus electrones (como el cobre o el hierro): son buenos conductores de electricidad. Otras materias los pierden difícilmente (la madera o el plástico): son malos conductores.

Si se unen dos cuerpos con diferentes cargas de electricidad mediante un buen conductor, los electrones sobrantes pasan de un cuerpo a otro hasta que ambos cuerpos estén al mismo nivel: ese desplazamiento de electrones es lo que llamamos «corriente eléctrica».

En el siglo XIX, los hombres aprendieron a «domesticar» esa fuerza, fabricando aparatos que producen corriente eléctrica arrancando los electrones con imanes (los generadores), otros capaces de almacenar energía (las pilas) y otros que la transforman (transformadores) para que sea capaz de mover motores y máquinas o hacer brillar las bombillas.

¿Imaginas cómo sería tu casa o tu calle, sin electricidad? Pues así era hace sólo 150 años.

41. ECOLOGÍA: LA REGLA DE LAS TRES «R»

UNO de los problemas ecológicos más importantes de nuestro tiempo es: ¿Qué podemos hacer con la enorme cantidad de basura que produce una sociedad industrial desarrollada?

Una familia europea, japonesa o norteamericana, entre basura doméstica y aguas residuales, arroja cada año varias toneladas de materias de desperdicio, muchos de los cuales son productos contaminantes o no son biodegradables, es decir, que no se deshacen con el tiempo.

Por ejemplo: envases de vidrio, de plástico o de aluminio pueden permanecer varios años sin descomponerse, ocupando cada vez más espacio en torno a las grandes ciudades.

La lluvia que cae en los vertederos de basura puede arrastrar parte de estas materias a las aguas subterráneas y contaminar el entorno.

Para hacer que disminuya la cantidad de basura arrojada a la naturaleza y evitar así la contaminación, las asociaciones ecologistas defienden la regla de las tres «R»: reducir, re-utilizar y reciclar.

En primer lugar, aconsejan reducir el consumo inútil: por ejemplo, es mejor comprar productos como verduras y frutas sin empaquetar (lo que sobre de estos alimentos es biodegradable pero no los envases de plástico que se utilizan en supermercados); también conviene reducir el consumo de alimentos enlatados o de comida preparada que generan mucha basura.

Hay que intentar re-utilizar las cosas en vez de tirarlas: es mejor utilizar, para ir a la compra, bolsas de tela que coger las bolsas de plástico que luego se tiran; los trapos de cocina pueden lavarse y utilizarse muchas veces, los rollos de papel de cocina no son necesarios y representan un gran consumo de papel y, por lo tanto, contribuye a la tala de árboles.

Finalmente, algunas materias pueden reciclarse: esto significa que pueden mandarse de nuevo a la fábrica para que ésta fabrique de nuevo otros productos sin tener que gastar materia prima nueva: resulta más barato y más limpio.

Si tiramos los envases de cristal a los contenedores callejeros, no se ensucia nada y se vuelve a utilizar el cristal para nuevos envases. Pasa lo mismo con las pilas. El papel y el cartón pueden reciclarse: existen sitios donde se pueden llevar periódicos, revistas, libros viejos..., en vez de tirarlos a la basura: con ellos se vuelve a hacer papel sin tener que consumir de nuevo madera.

A esa regla de las tres «R», se podría añadir una cuarta:

no ensuciar la naturaleza. Si vas por el campo o el bosque, no tires nada al suelo e, incluso, recoge lo que han tirado personas menos cuidadosas que tú.

Así, todos podemos colaborar a la conservación de nuestro entorno.

42. LA FUERZA CENTRÍFUGA

Si cogemos un peso de metal atado a una cuerda y si sujetamos ésta con la mano, la cuerda queda vertical con el peso colgando, ya que es atraído hacia abajo por la fuerza de la gravedad.

Pero si empezamos a dar vueltas con la mano, aumentando la velocidad, vemos como el peso y la cuerda van levantándose hasta quedar en una posición horizontal; si paramos el movimiento, la cuerda y el peso vuelven a su posición inicial.

¿Qué es lo que levanta el peso? Es la fuerza centrífuga.

La fuerza centrífuga se produce cuando un cuerpo gira alrededor de un eje: esa fuerza aleja el cuerpo de ese eje.

Es un fenómeno que podemos observar muchísimas veces. Cuando un coche toma una curva con cierta velocidad, los cuerpos de los ocupantes se desplazan hacia el lado exterior de la curva.

Es, por cierto, la causa de muchos accidentes de tráfico: si un coche entra en la curva con una velocidad excesiva, la fuerza centrífuga es mayor que la fuerza motriz del propio coche y que la fuerza de gravedad. Resultado: el coche se sale de la carretera.

La fuerza centrífuga se utiliza en el deporte y en ciertos espectáculos.

El lanzador de disco o de martillo gira varias veces sobre sí mismo: consigue así sumar su fuerza muscular con la fuerza centrífuga y lanzar su proyectil más lejos.

En ferias y en circos, se ven motocicletas dar vueltas al revés dentro de grandes aros metálicos o vueltas en posición horizontal dentro de grandes cilindros de madera. Estas motocicletas no se caen gracias a la fuerza centrífuga.

También la aprovechamos en objetos de la vida cotidiana: ¿Qué hace, por ejemplo, una lavadora cuando ha terminado de lavar y quiere secar la ropa?

Empieza a girar a mucha velocidad: la ropa queda pegada a los bordes del tambor pero el agua, proyectada hacia fuera, sale por los agujeritos.

43. LA TEORÍA DE LA EVOLUCIÓN

HASTA el siglo XIX, casi todo el mundo pensaba que la vida en la tierra había sido siempre igual.

Cuando encontraban fósiles o huesos de animales y plantas que ya no existían (como los huesos de dinosaurios), no sabían cómo explicarlo o imaginaban historias fantásticas de dragones.

Pero, poco a poco, los científicos se dieron cuenta de que la tierra era mucho más vieja de lo que pensaban y que habían ocurrido muchos cambios.

Los animales de ahora no son iguales a los que vivían hace millones de años, ni tampoco las plantas.

¿Por qué cambiaron y cómo?

Fue un inglés, Charles Darwin, quien propuso en 1859 una explicación que, hasta ahora, se cree verdadera: la teoría de la evolución.

Aunque sean de la misma familia, cada ser vivo es un poco diferente: no hay nunca dos plantas o dos animales exactamente iguales.

A veces, esas diferencias no tienen importancia, pero, otras veces, algunas diferencias hacen que un ser sea más fuerte, más resistente que los otros seres de su misma familia.

Los hijos de ese ejemplar van a heredar esa diferencia. Poco a poco, los seres que poseen esa diferencia positiva, que les hace un poco superiores, se van a multiplicar, mientras que los seres que seguían como antes, al tener menos fuerza para luchar y defenderse, irán desapareciendo.

Cambios en el entorno pueden acelerar ese proceso: por ejemplo, hace más o menos 60 millones de años, había todavía muchos dinosaurios y pocos mamíferos, pero el clima cambió de repente. Los dinosaurios desaparecieron y los mamíferos, mejor preparados y sin tener que luchar contra los dinosaurios, se multiplicaron.

Podemos imaginar un ejemplo:

Hay un grupo de mariposas de color amarillo que suelen vivir entre arbustos verdes. Las mariposas son la comida de muchos pájaros.

Imaginemos que van naciendo algunas mariposas con un color un poco diferente, más parecido al verde. Para los pájaros, esas nuevas mariposas verdes resultan difíciles de ver. Esto significa que sobrevivirán más mariposas verdes que amarillas.

Al cabo de muchos años, es posible que apenas queden mariposas amarillas, al contrario de las mariposas verdes que se habrían multiplicado.

Eso es lo que se llama la selección natural: sobreviven aquellos que están mejor adaptados al entorno donde viven.

44. LA DEMOCRACIA

LA democracia es un sistema político, es decir, una forma de organizar el gobierno y la vida de los habitantes de una nación o de un país.

Democracia significa básicamente dos cosas: en primer lugar que el gobierno es elegido por el pueblo, es decir, por los habitantes de ese lugar y que las leyes son votadas por ellos o por los representantes que han elegido (diputados, senadores, concejales...).

En segundo lugar significa que debe existir libertad para expresar y defender las ideas de cada uno e igualdad entre todos los habitantes frente a la ley, es decir, que la ley sea igual para todos.

La palabra democracia viene del griego y significa «el poder del pueblo»: en el siglo V a. C., fueron los habitantes de Atenas quienes intentaron por primera vez ese sistema político.

Los ciudadanos de Atenas se reunían en una plaza y allí, discutían, votaban leyes, elegían sus gobernantes y sus jueces, de una forma libre.

Claro que no era una democracia completa: en esas

asambleas no podían participar ni las mujeres ni los esclavos, pero fue un primer intento de desarrollar un sistema político nuevo.

Ese intento desapareció pronto y Europa como el resto del mundo volvió al sistema autoritario de reyes y emperadores: ya no había ni elecciones, ni libertad, ni igualdad.

Un pequeño grupo de hombres (los nobles) mandaban sin control sobre toda la población que sólo podía obedecer y aguantar.

A partir del siglo XVIII ocurrieron muchas revoluciones que intentaron eliminar el sistema absolutista de los reyes y la nobleza: a través de muchas luchas, se consiguió poco a poco reformar las leyes hasta llegar a la democracia moderna.

De esta forma, ahora, algunos países del mundo (sobre todo en Europa y en América) tienen la suerte de vivir en democracia: sus habitantes son libres y eligen sus gobiernos con elecciones.

Sin embargo, muchos países viven todavía con gobiernos autoritarios, bajo la dictadura de una persona o de un partido que no convoca nunca elecciones y prohíbe cualquier otro partido: sus oponentes (los que no están de acuerdo) terminan en la cárcel o tienen que marcharse a otro país.

La democracia es un proyecto: busca la libertad, la igualdad y la justicia para todos. No es fácil. Hay muchas diferencias entre los hombres: los hay ricos, los hay pobres, los hay muy inteligentes, los hay menos listos.

Aunque todos puedan votar, no todos influyen lo mismo en la política ni todos tienen las mismas posibilidades de tener una buena educación o encontrar un buen trabajo.

Siempre hay personas que intentan aprovecharse de las demás o abusar de su poder. Por eso, hay que seguir vigilando a los gobernantes y buscando soluciones a los problemas para conseguir que la democracia sea cada vez mejor y que todos los hombres tengan los mismos derechos.

45. LAS RELIGIONES

DESDE que pudo pensar, hace algunos miles de años, el hombre empezó a plantearse preguntas sobre la naturaleza (¿por qué llueve o deja de llover?, ¿qué son el sol y las estrellas?) y sobre sí mismo (¿por qué existo?, ¿qué pasa después de la muerte?).

Las religiones primitivas proponían respuestas a ambas cosas con la existencia de muchos dioses relacionados con las fuerzas de la naturaleza: estaba el dios del Sol, el dios de la Lluvia, la diosa de la Tierra..., y también el dios de la Muerte o el dios de la Guerra.

De esta forma si ocurría una gran tormenta, era por algún enfado del dios del Mar y, si alguien moría, era porque alguna divinidad había decidido llevárselo al otro mundo.

Eran religiones politeístas. Cada dios tenía su templo y sus sacerdotes: allí se celebraban ceremonias religiosas en las cuales se ofrecían sacrificios de animales para pedir al dios su ayuda o darle las gracias por algún éxito.

En el Oriente Medio aparecieron sin embargo religiones que creían en la existencia de un solo dios, creador de todo el universo y juez supremo de las acciones de los hombres.

Así se desarrolló el judaísmo, la religión de los antiguos judíos, cuyas enseñanzas, reveladas por Dios (al que ellos llamaban Yahvé o Jehová), están en un libro sagrado: la Biblia.

Con Jesucristo, en el siglo I, esa religión monoteísta sufrió un gran cambio: mientras la mayoría de los judíos siguieron con sus primeras creencias, otros añadieron las enseñanzas de Jesús a la Biblia (son los evangelios) y fundaron el cristianismo que se difundió por todo el imperio romano.

El cristianismo, a su vez, conoció varias divisiones: la Iglesia católica, la Iglesia ortodoxa, la Iglesia protestante.

Actualmente, es la religión mayoritaria en Europa y América, pero también en algunos países de África y Asia.

En el siglo VIII, en Arabia, un profeta, Mahoma, propuso una nueva religión, basada también en la Biblia, pero con nuevas ideas: el Islam.

Esa religión se extendió rápidamente por el Norte de África y Asia occidental: actualmente millones de musulmanes rezan a Dios (que ellos llaman Alá) cinco veces al día siguiendo los preceptos de Mahoma y estudiando su libro sagrado: el Corán.

En la India sigue existiendo una de las pocas religiones politeístas que permanece en el mundo moderno: el hinduismo.

Mientras, en Asia oriental, la mayoría de la gente sigue el budismo, la filosofía de un hombre llamado Buda que vivió en el siglo VI a. C. Es una religión un poco diferente de las demás porque no cree en un dios personal, sino en fuerzas que dirigen el universo y la vida de cada ser humano.

Todas las religiones tienen cosas en común: en primer lugar creen en otra vida después de la muerte del cuerpo, creen que las personas tenemos algo inmortal, inmaterial, que llamamos alma.

En segundo lugar, creen que existe el Bien y el Mal y proponen consejos para que los hombres sean mejores o más felices.

Algunas personas dudan de la existencia de Dios, son los agnósticos; otros creen que no existe nada ni nadie que sea diferente a lo que conocemos: son los ateos.

Cualquier persona, sin embargo, vuelve a plantearse algún día las mismas preguntas que se hacían los antiguos, mirando al cielo: ¿Por qué? ¿Cómo empezó todo? ¿Qué pasará después?

46. LOS AGUJEROS NEGROS

DESDE hace algunos años, a base de cálculos, los astrónomos se han dado cuenta de que, en algunos sitios del universo, hay «algo» con muchísima fuerza de atracción gravitatoria, pero que no se ve: por eso los llaman agujeros negros.

Para entenderlo hay que explicar cómo es una estrella y cómo «muere».

Una estrella conserva su tamaño gracias al equilibrio entre su altísima temperatura (que tiende a dilatar la estrella) y su gigantesca atracción gravitatoria (que tiende a contraerla).

Si, en un momento, la temperatura disminuye (porque se va acabando parte de lo que se quema), entonces la atracción es mayor que la fuerza de dilatación y la estrella empieza a contraerse.

Los átomos se desintegran y hay electrones, protones y neutrones sueltos.

La estrella es ahora una «enana blanca», mucho más pequeña y más densa con una gravedad en su superficie mucho mayor.

A veces, esa atracción consigue obligar a juntarse electrones y protones hasta formar sólo neutrones: ya es una «estrella de neutrones», de unos pocos kilómetros de diámetro y una gravedad millones de veces mayor que al principio.

A veces, esa gravitación consigue romper incluso a los neutrones: la estrella se contrae aún más hasta un volumen muy pequeño y una fuerza de atracción que es tan fuerte que no deja escapar ni siquiera la luz.

Ya es un agujero negro: cualquier cosa que pasara cerca quedaría atrapada y aplastada sin poder salir. Pero no podemos verlo, ya que no emite ninguna luz.

Los astrónomos piensan que existe porque en algunos sitios la luz que viene de estrellas lejanas sufre una desviación como si hubiera cerca algo que la atrayese. Calculando, los astrónomos consiguen averiguar el sitio donde debería haber ese algo, pero allí no ven nada.

Suponen que es un «agujero negro», lo que queda de una estrella antigua que ha colapsado.

A

Abasto (no dar): no tener tiempo suficiente para hacer algo.

Abdomen: tripa, vientre.

Abrupto/a: terreno con pendientes fuertes, casi vertical.

Acantilado: costa que cae verticalmente en el mar.

Accionar: poner en funcionamiento.

Acelerar: hacer más rápido algo.

Activa (población): número de personas que trabajan en un país.

Actualmente: ahora, en este momento.

Acumular: almacenar, juntar mucha cantidad.

Acurrucarse: doblar el cuerpo agachándose para ocupar poco espacio.

Acústica: parte de la física que estudia el sonido.

Adherirse: pegarse, unirse a algo o a alguien.

Adulto: que ya es mayor.

Aéreo/a: que es del aire.

Aficionarse: empezar a hacer algo con regularidad, gustar algo.

Aglomeración: conjunto de cosas que se han juntado.

Aguafuerte: grabado que se obtiene utilizando ácido nítrico.

Ajedrez (tablero): tablero cuadriculado en blanco y negro.

Almacenar: guardar algo.

Ancla: utensilio de hierro que llevan los barcos para echar al mar y sujetar la nave.

Antena: conductor que capta o emite ondas electromagnéticas en radio y televisión.

Antepasado/a: persona que vivió anteriormente.

Añadir: sumar, poner más cantidad.

Apasionado/a: que le gusta muchísimo algo.

Apresado/a: atrapado, cogido.

Arácnido: insecto sin antenas, con respiración traqueal y cuatro pares de patas.

Arrancar: quitar con fuerza algo.

Arrojar: tirar.

Asamblea: reunión.

Ascender: subir.

Astrónomo/a: persona que estudia los astros.

Atleta: persona que participa en competiciones deportivas.

Atmósfera: masa gaseosa que rodea la Tierra.

Átomo: partícula más pequeña de un elemento.

Atracción: fuerza que hace que una cosa se acerque a otra.

Auge: aumento, subida al máximo nivel.

Autoritario (sistema): sistema político en el que gobierna una persona de forma muy dura, con poca libertad.

Averiguar: descubrir algo.

B

Bajamar: marea más baja.

Base: origen, el principio.

Batalla: combate entre dos ejércitos.

Beduinos: tribu de África, nómada, que vive en el desierto.

Borde: extremo, donde termina algo.

Brisa: viento suave y agradable que sopla desde el mar durante el día y desde la tierra durante la noche.

Burlar: engañar.

Burlona: que se ríe de algo o de alguien.

C

Caducar: pasarse de la fecha algo: entonces se estropea.

Caldera: depósito donde se hierve el agua.

Camino (quedarse en el): morir.

Camuflarse: hacer algo para esconderse.

Canibalismo: acción de comer a uno de la misma especie.

Capacidad: lo que alguien puede hacer.

Captar: recoger, recibir algo.

Capturar: coger, atrapar algo o a alguien.

Cavidad: espacio que está hueco.

Célula: unidad biológica de los seres vivos compuesta por un núcleo y una membrana.

Coces: patadas de un animal.

Colapsar: destruirse algo.

Completar: terminar algo, poner lo que falta.

Composición: distribución de los componentes de las cosas que forman un conjunto, de qué cosas está hecho.

Comprimir: reducir el volumen de algo apretándolo.

Condensar: convertir vapor en líquido.

Consecutivo/a: que va uno detrás de otro.

Conservar: guardar algo durante algún tiempo.

Constituir: formar algo, formar un conjunto con varios elementos.

Consumir: gastar, utilizar algo.

Contaminación: acción de ensuciar el aire o el agua.

Contenedores: recipientes que sirven para recoger cosas.

Contener: tener algo dentro.

Continuo/a: seguido, que no tiene cortes ni separaciones.

Contracción: lo que ocurre cuando los músculos se contraen, se aprietan para hacer fuerza.

Contraer: reducir el tamaño de algo.

Córneo/a: en forma de cuerno.

Correa: cinturón.

Corriente: movimiento del agua del mar en una dirección.

Crítica: lo que se dice cuando se habla mal de alguien o de algo.

Cruzadas: guerras de los cristianos contra los musulmanes durante la Edad Media.

CH

Chatarrería: lugar donde se venden objetos viejos de hierro y metal.

Chispa: luz pequeña que sale del fuego.

D

Decepcionado/a: que está triste y desilusionado porque no tiene lo que esperaba.

Defecto: algo malo de un objeto o de una persona.

Deformar: cambiar la forma de algo.

Denso/a: que pesa mucho en relación a su volumen, cuyas partículas están muy apretadas.

Depositar: poner, dejar algo en algún sitio.

Derretirse: deshacerse algo con el calor.

Derrumbarse: caerse y romperse.

Desarrollarse: crecer, aumentar.

Desarrollo (en pleno): momento importante para la producción de una fábrica o para la economía de un país.

Descalzos: que no llevan zapatos.

Descifrar: entender algo que está escrito y dibujado.

Descomponerse: deshacerse.

Descorchar: quitar el corcho a una botella.

Desértico/a: relativo al desierto.

Desintegrarse: separarse todos los elementos que componen una cosa.

Desmontar: descomponer en piezas una cosa.

Desperdicio: lo que sobra y no sirve, basura.

Desplazamiento: recorrido de un lugar a otro.

Desplazarse: moverse, ir de un sitio a otro.

Destino: lugar al que se quiere llegar, hacia donde se va.

Devorar: comer con muchas ganas.

Diapasón: instrumento en forma de U que al vibrar produce un tono determinado.

Diarrea: trastorno intestinal que te hace ir muchas veces al servicio.

Dictadura: forma de gobierno en la que los ciudadanos no tienen libertades ni derechos y el gobierno tiene todos los poderes.

Dieta: tipo de comida, de alimentación.

Diferenciado: que está separado.

Difundir: hacer saber algo a mucha gente.

Dilatar: aumentar el tamaño de algo.

Disminuir: hacer que algo sea menor.

Disperso: que está extendido, que está separado en muchos sitios diferentes.

Divinidad: dios.

Domesticar: enseñar y acostumbrar a un animal a vivir con el hombre.

E

Ecología: estudio del entorno, de la naturaleza.

Ecologista: persona que defiende la naturaleza.

Eje: barra que atraviesa un cuerpo que gira alrededor de ella.

Elecciones: lo que hacen los ciudadanos para elegir a sus representantes (concejales, diputados...).

Elevar: subir, levantar.

Eliminar: quitar totalmente algo.

Emigrar: ir a vivir a un país diferente al que se ha nacido.

Emisión: lo que se manda (el programa) desde la radio o la televisión.

Encorvar: doblar.

Endemoniado: que tiene dentro el demonio, que está enloquecido.

Energía: – capacidad de los cuerpos para producir un trabajo;
– fuerza;
– fuente de energía: lo que produce energía.

Entorno: lo que está alrededor de algo.

Enturbiar: ensuciar el agua.

Envases: recipientes, lo que sirve para guardar algo.

Epoca: período de tiempo.

Equilibrio: estado de igualdad entre fuerzas que se oponen.

Erizarse: ponerse el vello de punta y la piel dura.

Erosionar: desgastar.

Escaparates: espacios con cristal que tienen las tiendas para enseñar sus productos.

Escasear: haber poco.

Esclavo/a: persona que no es libre, que trabaja para otra sin cobrar dinero.

Esfera: cuerpo geométrico con forma de globo.

Específico/a: especial, dirigido a algo en concreto.

Espectador/a: persona que mira un espectáculo: cine, teatro...

Evaporarse: hacerse un líquido vapor.

Evolución: desarrollo y cambio de los seres vivos, a lo largo de muchos miles de años.

Excesivo/a: que es demasiado, que sobra.

Exiliarse: irse a vivir a otro país por motivos políticos.

Exportar: vender algo a otros países.

Expresar: decir lo que se piensa.

Expulsar: echar fuera a alguien.

F

Famoso/a: que todo el mundo conoce.

Fatigarse: cansarse, agotarse.

Favorecer: facilitar o desarrollar algo, apoyar, ayudar.

Fenómeno: algo que se puede mirar u observar.

Fértil: que produce mucho.

Fijar: unir una cosa con otra, hacer que algo se quede quieto, inmóvil.

Fisiología: ciencia que estudia las funciones de los órganos de los seres vivos.

Fomentar: animar a alguien para que haga algo, ayudar en una actividad.

Formación: – aprendizaje de alguien;
– construcción de algo.

Fósil: restos de seres vivos o sus huellas que han quedado en terrenos geológicos antiguos.

Fotogramas: cada una de las imágenes que forman una película.

Fundación: institución, creada con el dinero de una persona, que tiene fines sociales, benéficos o culturales.

Fundar: crear algo, empezar algo importante que va a seguir luego.

Fundir: convertir un sólido en líquido, calentándolo.

Fusilar: matar con un fusil, con una escopeta.

G

Garfio: gancho que sirve para sujetar algo.

Generador: aparato que produce electricidad.

Generar: crear algo, provocar, causar, originar.

Genio: persona muy inteligente, extraordinaria.

Girar: dar vueltas.

Giratorio: que gira, que da vueltas.

Glebas: trozos de tierra que se levantan con el arado.

Goloso/a: que le gusta el dulce.

Gomoso/a: que es pegajoso.

Grabado: reproducción que se obtiene con tinta de un dibujo que ha sido grabado en una placa.

Gravedad (fuerza de) = fuerza de gravitación o gravitatoria: fuerza que tienen todos los planetas y las estrellas y que atrae todo hacia el centro de los mismos.

Grieta: raja que se hace en una superficie que se está rompiendo.

H

Hábito: costumbre.

Habitualmente: normalmente.

Hueco/a: cuyo interior está vacío.

Huella: lo que queda en el suelo o en un objeto al tocarlos.

Huracán: viento muy fuerte.

I

Impedir: evitar, no dejar que algo suceda.

Imprimido/a: que ha quedado en algún sitio la marca o la figura de un objeto u animal.

Impuesto: dinero que pagan los ciudadanos al gobierno.

Increíble: que no se puede creer.

Incremento: aumento.

Incubar: ponerse las aves encima del huevo para darle calor.

Indefenso/a: que no se puede defender porque es débil o porque no lleva armas.

Independiente: que está solo y no necesita de los demás.

Indicar: señalar.

Indígenas: habitantes de un país que han vivido allí desde siempre; los primeros habitantes de un país.

Industria: fábrica.

Inicial: del principio.

Infinito: que no tiene fin, que no acaba.

Influencia: cambio que se produce de algo sobre otra cosa, de alguien sobre otra persona.

Iniciarse: empezar, comenzar algo.

Inmaterial: que no tiene materia.

Inmortal: que no muere nunca.

Inmóvil: que está quieto, sin moverse.

Innumerable: que es tanto que no se puede contar.

Inquisición: tribunal religioso fundado en el siglo XV que castigaba a las personas que pensaban o hacían cosas contrarias a la religión católica.

Instalarse: quedarse en algún sitio.

Interrumpirse: pararse, detenerse.

Inundación: agua que sale del río cuando llueve mucho y cubre tierras y casas.

Inútil: que no sirve.

Invadir: ocupar el ejército otro país u otra ciudad.

Invertirse: cambiarse de lugar dos cosas ocupando cada una el lugar de la otra.

J

Jaleo: movimiento, ruido, agitación.

Jeroglífico: escritura del antiguo Egipto.

Jinete: persona que va montada en un caballo.

Juez/a: persona que decide si un acusado es inocente o culpable en un tribunal.

L

Lente: disco de cristal cóncavo o convexo que tienen los proyectores, las gafas, los telescopios...

Leyenda: historia antigua fantástica.

Libertad: capacidad para decidir o hacer lo que uno quiere.

Lomo: espalda de los animales.

M

Marca: mejor tiempo o resultado de un atleta.

Mecanización: utilización de máquinas para trabajar.

Mercancía: cosas que se transportan para comerciar.

Microscópico/a: tan pequeño que sólo se puede ver con un microscopio.

Modelo: algo o alguien que sirve para ser copiado.

Molécula: la parte más pequeña de una materia (una molécula de agua, de aire, de madera...).

Monoteísta (religión): religión que tiene un solo dios.

Montículo: montaña pequeña de arena.

Mortal: que mata.

Mortalidad: número de muertes que se producen en un lugar.

N

Naval: relativo a los barcos.

Néctar: azúcar de las plantas.

O

Objetivo: lo que se quiere alcanzar, lo que se intenta conseguir, para qué se hace algo.

Ocio: tiempo en el que no se trabaja y se descansa.

Orientarse: saber dirigirse hacia algún lugar, saber dónde está el Norte.

Origen: comienzo, principio de algo.

P

Paisano/a: vecino del mismo pueblo o ciudad.

Pajizo/a: color amarillo claro, como la paja.

Peculiar: especial, diferente de la mayoría.

Perfeccionar: hacer algo cada vez mejor.

Perjudicial: que es malo, que hace daño.

Permanecer: durar, estar a lo largo del tiempo.

Placa: trozo plano de cristal cubierto de una sustancia sensible a la luz que sirve para impresionar fotografías.

Pleamar: marea más alta.

Poblado: lleno de gente.

Politeísta (religión): religión que tiene más de un dios.

Potente: fuerte.

Preceder: estar anteriormente, ir delante, llegar antes.

Preceptos: reglas o mandatos de la religión o de la ética.

Precipitaciones: lluvias o nieves.

Preciso/a: exacto.

Predecir: decir algo antes de que ocurra, decir el futuro.

Prenda: ropa.

Prenderse: quemarse con fuego, encender.

Presa: animal que se va a cazar.

Presión: fuerza que ejerce un cuerpo sobre otro.

Presión atmosférica: la que ejerce el conjunto de la atmósfera sobre la tierra a causa del peso del aire.

Prevenir: hacer algo para evitar que suceda otra cosa.

Primitivo/a: antiguo, de los primeros tiempos de la historia.

Prisionero/a: que está en la cárcel o retenido por alguien.

Prisma: figura geométrica terminada por dos bases iguales y cuyas caras laterales son paralelogramos.

Proceso: todos los pasos que se siguen para hacer algo.

Producto: – resultado de la multiplicación;
– objeto que sale de una fábrica.

Progresión: aumento progresivo.

Prolongación: alargamiento.

Promesa: algo que se promete a alguien: algo que se hará luego.

Promotor/a: persona que hace que algo se realice.

Propietario/a: persona que es dueña de algo.

Proporcionar: dar algo a alguien.

Protección: medidas que se toman para defenderse, para protegerse.

Provocar: crear algo, causar, originar.

Proyectar: – hacer que se vea una película sobre una pantalla;
– preparar algo para el futuro.

Proyecto: pensamientos y planes que se tienen con el fin de realizar algo.

Pudrirse: descomponerse algo o alguien que está muerto.

Pulsador: timbre.

R

Radical: que es duro y exagerado.

Rastrillar: pasar un rastrillo por la tierra.

Rastro: huella.

Reacción (por): fuerza que un cuerpo ejerce sobre otro en dirección opuesta.

Reciente: que es de hace poco tiempo.

Record: marca máxima conseguida hasta el momento por un atleta.

Recorrido: camino que sigue alguien o algo.

Reducir: hacer más pequeño.

Refinar: depurar, quitar impurezas.

Reflejarse: cambiar la luz de dirección al chocar contra algo.

Reflexión: lo que se hace cuando se piensa detenidamente sobre algo o alguien.

Reformar: cambiar algo.

Refugiarse: meterse en algún sitio para protegerse de la intemperie (del frío, la lluvia, el viento...).

Registrar: observar, ver, apuntar lo que se ve.

Remoto: muy lejano, muy antiguo.

Repelerse: rechazarse dos cosas.

Reponer: volver a poner.

Representante: persona que es elegida por los ciudadanos.

Reproducirse: multiplicarse.

Residual: que tiene residuos, suciedad.

Resistente: que es muy fuerte y aguanta sin estropearse.

Resistirse: luchar y defenderse.

Respetado: persona a la que se tiene respeto, se considera importante y se admira.

Retrato: pintura o dibujo de una persona.

Revolución: cambio normalmente violento en el que hay transformaciones políticas y sociales.

Revolución industrial: cambio muy importante de la industria que tuvo lugar durante el siglo XIX, al introducirse en las fábricas las máquinas.

Rígido/a: que no se dobla fácilmente.

Ruta: el recorrido, el camino que se sigue.

S

Sabana: llanura con árboles que hay en los países tropicales.

Sacrificio: acción de matar a un animal para ofrecérselo a un dios.

Salvo (ponerse a): ir a un lugar seguro donde no hay peligro.

Segar: cortar, quitar lo que ha crecido en el campo.

Senadores: personas que forman el senado, representantes de los ciudadanos.

Segregar: producir un líquido.

Sigilo: silencio.

Silueta: dibujo de los contornos de la sombra de un objeto.

Sobrante: que sobra.

Sociedad: conjunto de personas que conviven y se relacionan entre sí.

Solitario/a: que está o le gusta estar solo.

Sondeo: acción de buscar algo debajo de la tierra.

Subdesarrollado (país): países que no están industrializados y su economía está por debajo de la media mundial.

Subterráneo/a: que está debajo de la tierra.

Suicidarse: matarse uno mismo.

Sujetar: agarrar.

Superficie: capa horizontal de algo, en la parte superior.

Supremo: el más importante.

Surco: hendidura que se hace en la tierra con el arado.

Sustituir: utilizar una cosa en lugar de otra.

T

Taladro: aparato que sirve para perforar, para hacer agujeros.

Tapiz: tela grande bordada y tejida que adorna las paredes.

Técnica: conjunto de reglas, de sistemas..., para hacer algo bien.

Tendón: fibras que unen un músculo con un hueso.

Tétrico/a: que da miedo, horrible.

Trampa: lo que sirve o se hace para engañar.

Transformar: cambiar algo.

Transmitir: – pasar algo de una persona a otra (como las enfermedades);
– mandar algo de un lugar a otro.

Tremendo/a: muy grande, muy fuerte.

Tropa: conjunto de soldados de un ejército.

U

Urbanización: conjunto de casas con zonas ajardinadas que suelen estar a las afueras de las ciudades.

Utilidad: para qué sirve una cosa.

V

Vapor: gas, humo que producen los líquidos calientes.

Ventosa: órgano que tienen algunos animales que sirve para pegarse y sujetarse a las rocas, etc.

Veraneante: persona que vive en un lugar sólo en verano.

Viajeros: personas que viajan.

Víctima: persona que muere en un accidente o es asesinada.

Victoria: acción de ganar, de vencer.

Vistoso/a: que es bonito y llama la atención.

Volumen: espacio que ocupa un cuerpo.

Voraz: que come mucho y deprisa.

Votado/a: elegido por votación.

Y

Yacimiento: lugar del suelo donde hay una masa natural de mineral.